Karma Singh

Die Anatomie des Glücks

Hesper Verlag

Impressum:

(Unter dem Titel "Die Anatomie des Betens" und von Harmony Energy Consultants Ltd., London veröffentlicht)

März 2009 E-Buch Ausgabe
April 2009 erste gedruckte Ausgabe
November 2009 II Ausgabe
Dezember 2009 Nachdruck der II Ausgabe
April 2010 III Ausgabe
Oktober 2010 IV Ausgabe (2 Mal gedruckt)

(Unter dem Title „Die Anatomie des Glücks" und von Harmony Energy Consultants Ltd., London veröffentlicht)

Dezember 2010 I Ausgabe
Januar 2011 Nachdruck der I Ausgabe (2 Mal gedruckt)
März 2011 Nachdruck der I Ausgabe
Mai 2011 II Ausgabe

Von Hesper Verlag, Saarbrücken veröffentlicht.

August 2011 III Ausgabe (diese Ausgabe)

http://www.hesper-verlag.de

ISBN: 978-3-9813262-8-4

Die Anatomie des Glücks

Ein Auszug aus
"Die Quantenmechanik der Gedanken"

von Karma Singh mit Zusatztexten von Rebecca Ellermann

Die Aufschlüsselung der Anwendungsprinzipien und Struktur des Glücks oder: Wie Sie das erhalten was sie wirklich wollen

Englische Version unter dem Titel: "The Anatomy of Luck"

Deutsche Bearbeitung unter Mitwirkung von
Rebecca Ellermann
Mara Ohm
Regina Blum
Thorsten & Anja Schmitt
Manuel Schmidt

Buchdeckel- und Websitedesign www.dieanatomiedesgluecks.de
von Miran Melansek www.bonmedia.de

III. (Hesper Verlag) Ausgabe August 2011

(Dieses Buch ist zuvor unter dem Titel „Die Anatomie des Betens"
erschienen und sechsmal wieder gedruckt)

*Am 29. Januar 2009, im Laufe eines Intensivseminars
für fortgeschrittene Schüler, schlug eine der
Schülerinnen vor, daß ich ein Handbuch über die
Kunst der Manifestation schreiben solle, d.h. wie dies
aufgebaut sein sollte, warum so und nicht anders,
welche Programmierung man für bestimmte Anlässe
anwendet und vieles mehr.*

*In diesem leicht zu lesenden Handbuch werden Sie
nicht nur die fehlenden Teile finden, die erklären,
weshalb die meisten "Manifestationen" nicht
funktionieren können. Sie werden darüber hinaus eine
einfache Anleitung finden, die Ihnen dabei helfen wird,
Programmierungen so zu formulieren und
anzuwenden, daß Ihnen das gewünschte Resultat im
wahrsten Sinne des Wortes "geliefert" wird. Es ist
nicht schwer; Sie müssen nur wissen wie.*

Ausgabe II, Mai 2011

Inhalt

meine Schöpferkraft wieder fühlen
zu können?

Einleitung

Aufgrund der hohen Resonanz der Leser der ersten Ausgaben erscheint dieses Buch nun bereits in seiner zehnten "Inkarnation".

Da die Thematik so lebendig ist, kommen stetig neue Informationen hinzu. Diese Ausgabe ist mehr als doppelt so groß wie die erste Erscheinung (nur Online) am 17. März 2009 und hat einen anderen Titel erhalten.

Die erhöhte Nachfrage vieler Abonnenten meines Newsletters bezüglich spezifischer Auflösungsformulierungen für Krankheiten sowie fundiertere Erklärungen und Anleitungen über die beliebten Themen Geld und Beziehungen hat dieses Buch mehr als doppelt so dick gemacht!

Ich habe bewußt beschlossen, die sog. "Rechtschreibreform" nicht anzuwenden. Nicht allein, weil sie komplett irrsinnig ist, sondern vielmehr, weil ich der Meinung bin, daß man hierdurch dem deutschen Volk das Kulturerbe entzieht. Gleichwohl bin ich mir absolut sicher, daß Sie aus dieser Ausgabe auch ohne neue Rechtschreibung großen Nutzen ziehen werden.

Seien Sie gesegnet!

Karma Singh
Deutschland
August 2011

Erfahrungen

und andere Kommentare von Lesern/Anwendern der bereits erschienenen Ausgaben unter dem Titel „Die Anatomie des Betens"

Thorsten S., Fernsehproduzent, Hessen
01. Sept 2009

Der Kurs "Die Anatomie des Betens" liefert mit seiner einfachen Schritt-für-Schritt Anleitung die passende Ergänzung zum Buch und Film "The Secret".

****

Michaela G., Wuppertal - 27. August 2009

In diesem Frühjahr bestellte ich bei Karma sein neuerschienenes Buch „Die Anatomie des Betens". Als es bei mir ankam, machte ich mich gleich daran, es zu lesen, legte es dann aber wieder beiseite, um es im Juni 2009 erneut in die Hände zu nehmen. Eher fiel es von selbst in meine Hände, als sagte es zu mir „Komm, jetzt

lies mich endlich". Und das hab ich dann auch getan."Wow!!!" dachte ich dann beim Lesen.
Chronischen Geldmangel kennen wohl fast alle, nicht wahr???
Bei den meisten von Euch Lesern und bei vielen meiner Freunde gehört dies zu den Hauptalltagsproblemen, vermute ich mal. Ich habe schon unendlich viele Methoden ausprobiert, um meine Geldblockaden zu lösen, einschließlich der, einer „normalen" Arbeit nachzugehen. Aber ob man davon wirklich reich wird??? Ich glaube eher nicht, was die Mehrheit der Menschen betrifft.

Aber was ich dann doch mache, wenn ich bete, ist folgendes:

Ich zünde eine Kerze auf meinem Altar an.
Dann setze ich mich, wie Karma es beschreibt, davor auf den Boden, beuge mich nach vorn bis meine Stirn den Boden berührt. Es dient nicht nur für die Durchblutung des Gehirns.
Danach habe ich meine Hände zum Gebet gefaltet, was Karma „das Mudra der Stille" nennt.

Ich habe Schwierigkeiten mit Karmas Aussage, daß ein Gebet ein Befehl ist. Dies lies mich sein Buch auch zunächst zur Seite legen.

Zu Gott würde ich niemals etwas befehlen. Dabei muß ich mich allerdings aber auch immer wieder daran erinnern, nicht zu einem Gott weit weg, oben im Himmel oder sonstwo zu beten. Sondern zu Gott, der in mir, um mich herum und überall ist. Also das Eins sein mit Gott fühlen.

Bei meinem ersten Experiment fing ich an, mir 50 € zu visualisieren, das war am 25.6.09. Ich schloß die Augen, sah den Betrag und den Schein vor meinem inneren Auge.

Ich fühlte Freude, Glückseligkeit und Dankbarkeit. Ja, bei diesem Mal konnte ich es in mir fühlen. In´s Herz gehen, ja das klappte auch.

Nun sagte ich 7-mal laut. „Ich erhalte von Gott jetzt noch 50 € ".
Und ich konnte in mir sogar die Freude über das Empfangen des Geldes fühlen. Es klappte tatsächlich. Ja, ich konnte es fühlen!
Danach ging ich ins Bett.

Am nächsten Tag hatte ich ein Gespräch in einer Beratungsstelle. Gegen Ende des Gespräches sagte die Sozialarbeiterin, daß sie seit Dezember noch etwas für mich habe, da sie damals etwas bei einer Spendenaktion für mich beantragt habe.

Und so gab sie mir 50 € in die Hand, sowie einen Einkaufsgutschein bei C&A über 100 €!!! Ich war sprachlos und bis ins Innerste erschüttert über dieses Wunder.

Am gleichen Abend setzte ich mich wieder vor meinen Altar und betete wieder um Geld, denn es fehlte mir an allen Ecken und Enden.

Diesmal betete ich um 40 €.
Ich spielte einfach mit dem Betrag, wie bei einem Monopolyspiel und dachte: „Probier's doch einfach aus, zu verlieren hast du ja nix". Und ich machte das gleiche Ritual wie am Abend zuvor.
Ich schrieb „Danke ich erhalte 40€ für das Wochenende" auf einen kleinen Zettel, den ich dann auf meinen Altar legte, das war am Donnerstagabend, 25.6.09.
Am Samstag, 27.6.2009 erhielt ich vom Arbeitsamt einen Bescheid, in dem stand, daß mein Arbeitslosengeld um 60 € erhöht worden war!!!!
Super, super, super, ich könnte die ganze Welt umarmen vor Freude über dieses Wunder.
Und was tue ich mit meinem Welthelfersyndrom: Ich erzähle allen meinen Freunden davon und von Karmas Buch, was sich nun auch alle kaufen wollen UND: hab die Rechnung ohne mein Ego gemacht:

Ab diesem Zeitpunkt hatte ich innerlich eine Sperre, ein weiteres Mal so zu beten. Ist das nicht verrückt???!!!!

Ich habe aufgehört zu beten, WEIL es funktionierte!!!
Nein ich glaube eher, weil ich darüber gesprochen habe.

Ich habe jetzt in verschiedenen anderen Büchern gelesen: daß man zur erfolgreichen Wunscherfüllung schweigen muß.
Das fällt mir aber sehr schwer. Naja, geschwiegen habe ich zwar, anfangs, doch dann nicht mehr.

Und nun bat Karma mich, einen Erfahrungsbericht für ihn und sein Buch zu schreiben, und das tue ich nun hiermit. UND: Ich fange wieder an, zu beten, um das, was mir fehlt, ABER: diesmal versuche ich aus meinen Fehlern zu lernen. UND: Zu schweigen, erstmal. Wenn alles ein bißchen hinter mir liegt, kann ich darüber reden, aber erstmal noch nicht.

Viel Freude Euch allen beim erfolgreichen Beten!

Mein Kommentar hierzu als Buchautor:
Das Schweigen darüber ist ein sehr interessantes Thema. Es gibt tatsächlich Lehren, die uns vermitteln wollen, daß spirituelle Erfahrungen nur mit dem „Meister" geteilt werden sollten!
Es ist doch wunderbar, wenn wir Erfolg erfahren und die Freude in uns so groß ist, daß wir es der ganzen Welt ermöglichen wollen und ihr davon erzählen!
Was passiert aber mit unserem bisherigen Denkmuster-/Erziehungssystem?
Es geht hier um die sog. „Anpassungskrankheit"!
Sobald Du anfängst zu veröffentlichen, daß es dir "besser" geht, schaltet sich oft das alte Programm an, welches dir sagt, daß es für andere Menschen "ungerecht" ist, wenn dein Leben zu einem Genuß wird. Lesen Sie hierzu Franz von Assisis Antwort darauf auf Seite 98. Es wird Ihnen bei der Verinnerlichung helfen.

****

Irene G., Massachusetts, USA - 20. Aug 2009

„Wunder fließen ein. Ich arbeite daran, Blockierungen zu entfernen und meine Wünsche (Gebete) zu äußern und bekomme immer wieder Ergebnisse, zum Beispiel: Ich habe mir vor ein paar Wochen $500 bestellt, ohne einmal über eine Herkunftsquelle davon nachzudenken. Nach ein paar Tagen bekam ich völlig unerwartet eine Karte von einem alten Freund und dabei war ein Scheck für $500!"

****

Jürgen Vierheller, Alsfeld, Hessen - 18. August 2009

Gerne gebe ich einige Anregungen zum Buch. Zunächst ist festzustellen, daß das Buch aus meiner Sicht sehr gut ist. Ich kenne viele Bücher zu diesem Thema, mindestens 10, vielleicht auch 20. Die "Anatomie des Betens" hat mich jedoch erst zum regelmäßigen täglichen Beten gebracht. Das Wort Beten vermeiden viele. Der geschichtliche/-kirchliche Hintergrund war für mich in der Form neu. Da ich gerne die Wahrheit wissen möchte, waren das für mich wichtige Hinweise. Für mich war das Buch genau der fehlende Teil, mit dem ich weitergekommen bin. Mich haben die Erklärungen zur Sitzhaltung, der Hände und der äußeren Umstände weitergebracht, da das Beten/Wünschen jetzt wie ein Ritual abläuft, ich mache es gern.

Die "Anatomie des Betens" enthält eine „Gebrauchsanweisung", wie man ein Gebet machen sollte, damit es „erhört" wird, damit das Gebet Realität wird. Eine „Gebrauchsanweisung" dieser Art habe ich in vielen anderen Werken zu diesem Thema nicht gefunden. Bei mir funktioniert diese Art Gebet. Ich kann bereits jetzt viele Beispiele nennen.

Ein Beispiel:
Ich hatte einen Vortrag organisiert und viele Menschen eingeladen. Mein Ziel für diesen Vortrag waren 30 Teilnehmer. 3 Tage vor dem Vortragsabend hatte ich nur 10 Anmeldungen. Nachdem ich mein Gebet mit dem Wunsch 30 Teilnehmer zu haben, ausgesprochen hatte, gab es keinen Zweifel für mich, diese 30 Teilnehmer begrüßen zu können, obwohl es für meinen Verstand völlig unrealistisch war. Wo sollten die Leute herkommen, war die Frage meines Verstandes. Mein positives Gefühl und meine Sicherheit hielten jedoch bis zum Vortragsabend an.

Was glauben Sie, wie viele Menschen ich letztendlich begrüßt habe? Nun, anwesend waren ca. 30 Personen, von denen ich mehr als die Hälfte nicht persönlich kannte. Ich war sehr erfreut und auch ziemlich überrascht.

Mein Verstand hat dieses Ergebnis dann einfach damit erklärt, daß einige andere Personen von der Veranstaltung gehört und verschiedene Leute eingeladen hatten, von denen ich nichts wusste. So kamen mehr als erwartet.

Wenn das meine einzige Erfahrung wäre, würde ich sagen, es war eben Zufall, daß so viele Leute kamen. Aber ich bin mir heute sicher, daß es tatsächlich etwas zu tun hatte mit meinem richtig formulierten Gebet.

Eine viel bedeutendere Erfahrung habe ich im privaten Bereich gemacht. Darüber möchte ich hier jedoch nicht berichten. Es handelt sich um ein Gebet, das ich täglich über mehrere Wochen gesprochen habe, bis sich das positive Ergebnis gezeigt hat. Manchmal dauert es länger und oft bringt man ein Ergebnis nicht mehr in Zusammenhang mit einem vorher ausgesprochenen Gebet.

Ich habe schon einige Bücher zum Thema „Wünschen", „Bestellung beim Universum", usw. gelesen. Die „Anatomie des Betens" hat mich jedoch einen entscheidenden Schritt näher zu wirksamen und effektiven Wünschen und Gebeten gebracht, da dieses Buch eine einfache und nachvollziehbare Anweisung enthält. Ich empfehle das Buch jedem, der Wünsche und Ziele hat.

****

Veronica Lewis, Oklahoma, USA

Lieber Karma Singh:

Ich habe "The Biology of Prayer" (das ist der englischsprachige Titel des Buches) gelesen. Ich war erstaunt, daß Du es geschafft hast, die ganze Information, die ich vorher nur in Hunderten von Büchern gesucht und nicht gefunden habe, an einer Stelle zusammen und auf den Punkt zu bringen.

Die Informationen, die Du mir während des letzten Jahres gegeben hast, haben mir enorm geholfen und "The Biology of Prayer" bringt alles in Perspektive. Ich kann dir nicht ausreichend für deine Arbeit und dein Engagement danken.

Bitte mach weiter so, das "Wort" über die fehlenden Elemente des Gebets, die während der

Jahrhunderte verlorengegangen sind, weiter zu reichen. Du hast es in deinem Buch klar gemacht, warum die Gebete so vieler Menschen niemals "beantwortet" wurden und sie dadurch weiterhin in solch einem Zustand des Mangels und der Armut sind.

Danke, danke, danke.

****

Dr. Helmut L., Österreich. 17. August 2009

Dein Werk "Anatomie des Betens" ist als voll gelungen zu bezeichnen. Vielleicht sollte man genauer unterscheiden können zwischen beten und invokieren. Beten ist meiner Meinung nach eher ein Bitten; invokieren ist nach meiner Auffassung eher ein bestellen, oder sogar ein Wunscherfüller.

Eine Invokation ist ein Herzenswunsch, der nach längerer und guter Reifung im Herzen, als Bestellung nach oben abgesandt wird.

Ich komme sehr gut zurecht mit Deinem Buch, ich habe es schon oft weiterempfohlen.

Trotzdem bin ich schon sehr neugierig auf Deine Zusatztexte dazu.

Ich wünsche Dir und Deinem Buch vollen Erfolg.
Noch schöne Sommertage und
liebe Grüße,
Helmut

Mein Kommentar als Buchautor:
Das Wort Beten *wurde nach reiflicher Überlegung ausgewählt, weil fast jeder irgendeine andere Vorstellung davon hat, was dieses Wort bedeutet. Selten ist die Vorstellung korrekt u.a. weil* Beten *keine Bitte ist, sondern ein höflicher Befehl. Es wird aber selten negativ geschätzt und eher als nutzloses, bedeutungsloses Ritual abgetan.*
Anders bei dem Wort Invokieren. *Für viele Menschen ist dies eng mit der Schwarzen Magie verbunden und äußerst negativ belegt.*

****

James H. Crymych, Wales, United Kingdom -
17. August 2009

„Karma Singhs Buch "The Biology of Prayer" ist sehr klar geschrieben und jedem denkenden Mensch müßte die Realität des Geschriebenen

einleuchten und in ihm einen Jubel darüber erwecken, daß er alles im Leben realisieren kann. Das schafft dieses Buch! Ich sage:
"Öffne dein Herz, öffne dein Gemüt und sehe wie die Belohnungen aus heiteren Himmel herunterpurzeln."

Mein Kommentar als Buchautor:
Ganz so ist es nicht, wie Sie sagen! Es genügt nicht, uns nur zu öffnen und für das Empfangen bereit zu erklären – es ist nötig, die ganz gezielte Absicht von dem, was wir wollen, auszudrücken – das ist die wahre Schöpfermachtannahme!
****

Matthias H., Berlin - 29. Juni 2009
Ich danke Ihnen für dieses Buch.

Eigentlich war wenig darin neu für mich, denn ich kannte solche Techniken schon unter "Kreatives Visualisieren", "Bestellungen beim Universum" oder ähnliches, wäre allerdings niemals auf die Idee gekommen, dafür den Begriff "Beten" zu verwenden. Trotzdem bin ich froh über den Kauf, weil das Buch die Dinge schön auf den Punkt gebracht und einige interessante Details erwähnt hat, die mir wahrscheinlich fehlten und es mich dazu gebracht hat, mal wieder zu "beten", nachdem ich es weitestgehend aufgegeben hatte.

Macht die Sprache, in der ich bete, einen Unterschied? Ich würde vermuten, daß die Muttersprache am besten funktioniert, oder gibt es noch andere Unterschiede?

Mein Kommentar als Buchautor:
Ein Gebet in der Muttersprache ist fast immer am Wirkungsvollsten.

****

von Thorsten S., Hessen - Juni 2009
Hallo Karma,

hier nun mein Erfahrungsbericht zu deinem Buch "Die Anatomie des Betens".

Ich habe bisher schon viele Bücher zu dem Thema wie erschafft man seine eigenen Realität bzw. zur Wunscherfüllung gelesen. Von "Bestellservice beim Universum" von Bärbel Mohr bis hin zu "The Secret" von Rhonda Byrne habe ich auch alle dort gegebenen Hinweise und Ratschläge ausprobiert. Das bestellen eines Parkplatzes, wie in Bärbel Mohrs Buch beschrieben, funktioniert zum Beispiel hervorragend, auch einige Hinweise aus "The Secret" und anderen Büchern waren mir sehr hilfreich, jedoch hing es ganz von der Tagesform ab, inwieweit sich der gewünschte Erfolg einstellte. Man hat irgendwie gespürt, daß noch irgend etwas fehlt. Es war manchmal wie ein Griff in die Wundertüte, das heißt, es gab zwar ein Ergebnis, aber wie es ganz genau aussah, konnte man vorher nicht genau sagen. Nachdem ich nun das Buch "Die Anatomie des Betens" von Karma Singh gelesen habe und die sehr einfach beschriebene Anleitung anwende, spüre ich gerade förmlich wie sich die eigene Schöpferkraft von Tag zu Tag verstärkt. Es macht richtig Spaß, damit zu arbeiten und ist eine merkliche Bereicherung in meinem Leben. Man fühlt sich nicht mehr so ohnmächtig in einem Fluss treiben, sondern man kann nun gezielt steuern, wie und was man in seinem Leben haben will.

Ein ganz einfaches praktisches Beispiel meiner bisherigen Erfahrungen ist folgendes: Gleich am ersten Tag, an dem ich das Buch gelesen hatte, habe ich mir gedacht, jetzt probierst du es einmal, aus Geld zu "manifestieren". Bisher habe ich dies fast nie geschafft. Ich habe mit meinem Gebet gesprochen indem ich gemäß der Anleitung im Buch den "Befehl" erteilte, bis zum Nachmittag noch 50,- Euro zu bekommen. Keine 10 Minuten später bekam ich einen Anruf, weil jemand ein Problem mit seinem PC hatte. Der Anrufer fragte mich, ob ich nicht einmal vorbeikommen könnte, um nach seinem Rechner zu schauen. Nachdem ich meine Arbeit erledigt hatte, fuhr ich zu der Person und schaute mir den PC an. Schnell hatte ich das Problem erkannt und auch behoben. Die Person war so glücklich über meine Hilfe, daß sie mir 50,- Euro in die Hand drückte und sagte, nimm dies bitte, denn du hast mir gerade sehr geholfen. Normalerweise hätte ich das Geld abgelehnt und gesagt, daß dies ein Freundschaftsdienst war und dies schon so in Ordnung ist. Jedoch durch mein Gebet am Vormittag spürte ich, daß die 50,- Euro genau meine Manifestation waren. Es war exakt die Summe, die ich mir erbetet hatte und daher auch kein Problem für mich, das angebotene Geld anzunehmen. Die Person hatte es mir auch freiwillig und gerne gegeben, ohne daß ich vorher etwas gesagt habe. So waren wir beide glücklich, er weil sein Computer wieder einwandfrei lief und ich über das gelungene Gebet und die 50,- Euro.

Herzliche Grüße aus Hessen,
Thorsten

****

Hannelore D., München - 28. Mai 2009

Danke für die vielen Informationen, die ich bisher lesen konnte. Die Themen sind alle interessant und brisant. Für meine spirituelle Arbeit mit Menschen und auch Tieren und Pflanzen ist viel dabei. Es erweitert mein Wissen vom Beten für alles.

****

Weitere Meldungen von Lesern sind auf die Website www.dieanatomiedesgluecks.de zu lesen.

Was ist Was?

Anatomie:

Dieses Wort kennt jeder von uns aus dem Biologieunterricht oder aus der Medizin. Meist erklärt es uns Gestalt, Lage und Struktur von Körperteilen, Organen oder Zellen. Das Wort stammt aus dem Altgriechischen und bedeutet „auf" und „Schnitt", d.h. etwas aufzuschneiden, um seine Struktur zu erkennen.

Ich verwende das Wort in diesem Falle um die Struktur des Glücks und seiner Manifestation von Grund auf sichtbar zu machen.

Bestimmung:

In diesem Buch wird Ihnen häufig das Wort *Bestimmung* begegnen.

„Seine Stimme dazu zu geben" ist die Urquelle dieses Begriffs. Wenn dein Herr ausspricht „Ich habe gesprochen" so gab es keine weitere Diskussion – es wird getan wie er es bestimmt hat. In diesem Sinne ist das Wort angewendet;

eine klar ausgedrückte Entscheidung, welcher widerspruchslos gefolgt wird.

Die Bestimmungen, durch die Ihr Leben gesteuert wird, werden auch *Schicksal*, *Unterbewußtsein*, *Gewohnheiten* etc. genannt. Es scheint vielen Menschen, als ob die oben genannten Bezeichnungen etwas wären, auf das sie selbst gar keinen Einfluß hätten.

Der Zweck dieses Buches ist, Ihnen beizubringen, das, was Ihr Leben kontrolliert, neu zu bestimmen, damit Ihr Leben glücklich und erfüllt sein kann.

<u>Glück:</u>

Glück, Glückspilz, Glücklichsein, Glücklichkeit - dies sind alles Worte, die wir häufig in normalen, zwischenmenschlichen Unterhaltungen anwenden.
Der Zustand des Glücklichseins wird von den meisten von uns angestrebt, und es gibt viele, die sich fragen, wie sie diesen dauerhaft erreichen können.

Haben Sie jemals versucht, zu entdecken oder zu definieren, worum es sich dabei wirklich handelt?

Sind die oben genannten Worte „nur" subjektive Erlebnisse oder steckt mehr dahinter? Ist „Glück" wirklich ein willkürlicher Ausdruck eines kapriziösen Universums, oder sind unsere ungeahnten Fähigkeiten die echte Treibkraft dafür?

Es gibt ein bekanntes deutsches Sprichwort: „Jeder ist seines Glückes Schmied".
In der Tat bestimmen wir unser eigenes Glück durch die Erwartungen (ob bewußt oder nicht), mit denen wir die Welt begrüßen.

Durch die 2 bis 3 Minuten tägliche Übung, die Sie in diesem Buch vermittelt bekommen, werden Sie lernen, Ihre Erwartungen so zu programmieren, daß Sie für sich **immer** glückliche Erlebnisse herstellen oder vorbestimmen können.

Manifestation:

Echt, real oder aus dem Nichts heraus etwas auf dieser Erde anwesend zu machen; eine Schöpfertat!

Die Gesetze der Physik hören aber nicht auf zu existieren, nur weil wir vom Sichtbaren ins Unsichtbare hineingehen.

Auswirkung ohne Ursache gibt es nirgendwo, auch in der Quantenphysik nicht.

Was hier präsentiert wird, sind die Grundregeln und Vorgehensweisen einer Wissenschaft, welche die Eigenschaften der Quantenfelder (das Unsichtbare) anwendet, um Ihre Wünsche wahr zu machen (das Sichtbare).

Doch hierfür ist es wichtig zu wissen, daß jedes Programm, jeder Gedanke dazu führt, daß Sie sich etwas erschaffen (manifestieren).

Es soll Ihnen durch dieses Buch möglich werden, all das zu manifestieren, was Sie **wollen.**

Das Mysterium des verschwundenen Wissens

Manifestation ist eine hoch organisierte, wissenschaftliche Methode, um die göttliche Kraft in Ihnen zu fokussieren und <u>Ihren</u> Willen in der kürzest möglichen Zeit zu manifestieren.

Ziel dieses Buches ist es, diesen Satz zu verstehen und anzuwenden.

Vorweg ein kleiner Einblick in die Geschichte des Manifestierens, um Ihnen das weite Spektrum dieses Themas näher zu bringen. Manifestation wurde früher Gebet genannt, denn Gebet meinte in der ursprünglichen Lehre Jesus' Manifestation. Die Grundregeln hierfür gingen im Laufe der Kirchengeschichte teilweise verloren, und so kam es zu Manifestationsversuchen, die nicht so funktionierten, wie Jesus das ursprünglich lehrte.

Im Jahre 1997 erkannte ich, wie weit das sog. "Gebet" sich von dem ursprünglichen Wissen unserer Ahnen und den althergebrachten spirituellen Lehren entfernt hatte.

Mir wurde bewußt, daß über eine Zeitspanne von nahezu zweitausend Jahren ein kraftvolles Werkzeug, nämlich die Manifestation, welche vor allem von der kirchlichen Seite Gebet genannt wird, fast vollständig verlorengegangen ist.

Über richtig angewendete Manifestation kann jeder Mensch schnell und mühelos Verbesserungen in allen Lebensbereichen erlangen.

Im Folgenden finden Sie eine Kurzfassung der geschichtlichen Ereignisse, welche Ihnen den Vorgang des verlorengegangen Wissens transparent macht.

Nach dieser geschichtlichen Darstellung wird in diesem Buch statt Beten oder Gebet ausschließlich das Wort Manifestation angewendet.

Geschichtliche Hintergründe

In den ursprünglichen Lehren von Jesus und der Originalbibel wurde die Wissenschaft des Manifestierens gelehrt. Zum Teil ist dies der Grund dafür, daß das Christentum im dritten Jahrhundert zu einer derart starken Kraft werden konnte, die vor allem dem damaligen Kaiser Diokletian (284-305 n. Chr.) nicht gefiel, aber von Kaiser Konstantin verwendet und integriert wurde.

Dies war so:

Als Kaiser Konstantin (272-337 n. Chr.) im Jahr 324 Kaiser der Hauptstadt Byzanz (später zu seinen Ehren *Konstantinopel*) wurde, war sein Zugriff auf die Macht über das Imperium sehr wackelig, und es war alles andere als sicher, daß er seine imperiale Macht behalten würde. Da es ihm jedoch äußerst wichtig war, diese Macht zu behalten und auch noch zu vergrößern, mußte er sich etwas einfallen lassen. Er bemerkte in den Christen eine Gruppierung, die zu diesem Zeitpunkt noch als Staatsfeind betrachtet wurde. Sein Vorgänger, Kaiser Diokletian, hatte lange gegen diese Gruppierung gekämpft, weil die

Christen sich damals geweigert hatten, sich als Untertanen des Kaisers zu fügen.

Kaiser Konstantin sah in den Christen eine Chance, seine Lage möglicherweise zu retten, wenn er diese Gruppe irgendwie in das römische Reich integrieren könnte. Er bot daher den Bischöfen einen Pakt an, in welchem er das Christentum zur Staatsreligion erklären und die von Diokletian konfiszierten christlichen Besitztümer zurückgeben würde. Im Gegenzug dazu sollten sie kundgeben, daß es "Gottes Wille" sei, daß gute Christen dem von "Gott befohlenen" Kaiser gehorchten.

Die Bischöfe sahen in diesem Handel die Tatsache, daß, wenn „Gott" den Kaiser befiehlt, sie diejenigen wären, die den neuen Kaiser nach "Gottes Willen" bestimmen würden. Ein süßer Handel, nach dem die Bischöfe mit höchster Geschwindigkeit griffen, und mit welchem das "dunkle Zeitalter" begann. Dieses entwickelte sich zum päpstlichen Imperium, das mehr als 1200 Jahre lang fast ganz Europa beherrschte.

Um die Änderung dieser „Abmachung" zu erleichtern, und die von den Christen derzeit genossene große persönliche Unabhängigkeit zu verringern, wurden weitreichende Veränderungen an der Bibel vorgenommen. Es wurden viele Bücher, inklusive die, die von Frauen geschrieben wurden, einfach vernichtet. Zwei der vier Anweisungen für die Formulierung von effektiven Gebeten wurden zunächst zu einem Geheimnis gemacht, welches nur die höhere Hierarchie kannte. Diese Formulierungen gingen danach fast vollständig verloren.

Im zwanzigsten Jahrhundert wurden viele (vielleicht sogar alle) der entfernten Texte in den Schriftrollen vom Toten Meer sowie den Schriften aus der *Nag Hammadi Bibliothek* wieder entdeckt.

Wir leben jetzt in einer Zeit, in der die patriarchale Hierarchie zu Ende geht. Das Wissen über die Wissenschaft des Manifestierens wird uns jetzt zurückgegeben.

Zusammengefaßt bedeutet dies, daß die Wahrscheinlichkeit hoch ist, daß Sie weder gelernt haben, wie man effektiv manifestiert, noch jemanden kennen, der weiß, wie es geht!

Es ist jetzt an der Zeit, die Möglichkeit zu nutzen, unsere "verlorenen" Gaben zu reaktivieren.

Ich wiederhole den ersten Satz dieses Kapitels noch einmal, denn nach der kleinen Aufklärungs-Geschichte hat er nach meinem Empfinden noch einmal eine ganz andere Wirkung:

Manifestation ist eine hoch organisierte, wissenschaftliche Methode, um die göttliche Kraft in Ihnen zu fokussieren und <u>Ihren</u> Willen in der kürzest möglichen Zeit zu manifestieren.

Es gibt keine externe Kraft, die Sie zum Manifestieren benötigen.

Durch die Methode, die Sie durch dieses Buch lernen, werden Sie Ihre natürliche Fähigkeit die *Quantenfelder* zu bestimmen wieder erwecken.

Die Quantenphysik oder wie Manifestation funktioniert

Um dieses Phänomen zu erklären, wenden wir uns der Quantenphysik zu. Dies kann für Sie neu oder auch schon vertraut sein – es ist in jedem Falle spannend und erweiternd.

Die Entdeckungen der letzten zwanzig Jahre von unterschiedlich voneinander unabhängigen Wissenschaftlern liefern uns eine genaueste Beschreibung, wie das Universum tatsächlich strukturiert ist. Es steht Ihnen vollkommen frei, die Quantenphysik selbst zu erforschen, wenn Sie es wünschen.

Wenn nur das Wenige meiner Ausführungen hier Ihre Neugier weckt, empfehle ich Ihnen das Buch "Das Nullpunktfeld" von Lynn McTaggart zu lesen und sich die DVD „Bleep – Down the Rabbit Hole" anzusehen.

Unser Ausgangspunkt ist der Beweis, daß es so etwas wie ein festes physikalisches Objekt nicht gibt! Dies wird von der Quantenphysik sehr deutlich und unwiderlegbar dargestellt. Jedes materielle Objekt ist "nur" ein Punkt, in welchem informierte Energie fokussiert ist.

Was bedeutet das?

Es bedeutet, daß jedes Objekt, ihr Körper inbegriffen, ein Prozeß ist, in welchem jede Sekunde Energiemassen zu Trilliarden Elektronen verschmelzen und jede Sekunde Trilliarden Elektronen in freie Energie aufgelöst werden.

Jede Minute stößt Ihr Körper Millionen verbrauchter Zellen ab und erschafft Millionen neue.

Alle sechs Wochen haben Sie eine vollkommen neue Leber. Alle zwei Jahre haben Sie ein vollkommen neues Skelett. Es gibt **jetzt** keine Zelle in Ihrem Körper, die vor drei Jahren da war. Wie und warum geschieht dieser Prozeß?

Die Information darüber, wie Energie zu jeglicher materiellen Form verschmolzen werden kann, wird in den Quantenfeldern, auch *Nullpunktfelder* genannt, gespeichert. Diese kann man als eine Art "Blaupause" für z.B. die Grundform eines menschlichen Körpers betrachten. Genau deswegen ist jeder menschliche Körper im Grundbau identisch, allein die "Verzierung" ist individuell.

Die Möglichkeiten der Geschehnisse, die wir aus dem Nullpunktfeld manifestieren können, sind wortwörtlich unbegrenzt.

Wenn Ihnen das Bewußtsein hierüber bisher gefehlt hat, kann es sein, daß Sie schon einige Gelegenheiten, in denen Sie Ihre Entscheidungen hätten ändern können, verpaßt haben. Das Schöne ist, daß wir immer wieder die Möglichkeit bekommen, das Nullpunktfeld anzuzapfen und somit die Möglichkeit einer kompletten Neu–Orientierung innerhalb der Gestaltung unseres Lebens erhalten.

Hierzu gehört das Erwählen, mit welchen Informationsströmen Sie in Resonanz gehen möchten.

Ein ganz simples Beispiel:

Aufgrund des Gefühls „im Mangel" leben zu müssen und aufgrund der Akzeptanz allgemein-gültiger Glaubenssätze, die Sie gelehrt haben, daß Sie zum Beispiel hart dafür arbeiten müssen, um sich einen bescheidenen Lebensstandard leisten zu können, würde es dazu führen, daß Sie immer mehr in die Tretmühle der Erschöpfung gelangen.

Diese Flut von negativen gedanklichen „Informationsmustern" ist sehr häufig in unserer Gesellschaft zu finden.

Um dieser gedanklichen und emotionalen Falle zu entkommen, müssen Sie selbst als „bewußter Schöpfer" die Initiative in die Hand nehmen. Rufen Sie **den natürlichen Überfluß** zu sich. Dieser wird Ihnen einen angenehmen Lebensstandard ermöglichen und ausreichend Freizeit einräumen, diesen auch zu genießen.

Es gibt keinen quantitativen Unterschied (Überfluß ist Überfluß), doch einen sehr großen qualitativen Unterschied. Dieser liegt ausschließlich darin, **wie** Sie wählen, die Erfahrung des Überflusses zu machen.

Wie wähle ich den natürlichen Überfluß?

Grundsätzlich können Sie wählen zwischen Fülle (Überfluß) und Mangel (Armut). Eine Fülle, die Ihnen volle Sicherheit und Genuß bietet oder eine Armut, die Ihnen Streß und harte Arbeit auferlegt. Kurz gesagt: Es gibt eine natürliche Resonanz zwischen Ihnen und dem Überfluß, aber auch zwischen Ihnen und der Armut. **Dies** sind jeweils beide Aspekte derselben Schöpfung und miteinander verschmolzen.

Welche Möglichkeiten der Wahl gibt es, um „Fülle" zu manifestieren?

Die eine Wahl wäre, den Überfluß auf direktem Wege zu „erbeten" und sogleich zu genießen. Die andere Wahl wäre, eine Fremdenergie zwischen der Fülle und Ihnen zu erlauben, welches es für den Überfluß schwierig macht, Ihr Leben zu erfüllen, da er Sie auf Grund des Hindernisses nicht direkt erreichen kann. Eine dieser Fremdenergien, die zum Hindernis wird, ist das liebe Geld. Es ist nur ein Ausdruck von Fülle, nicht aber die Fülle selbst. Machen Sie den Wunsch nach Glück und Fülle im Leben nicht zwingend abhängig von einem millionenschweren Lottogewinn!

Fülle an Zeit, Frieden, freundlichen Beziehungen gehören ebenso zu den Dingen, die den natürlichen Überfluß ausmachen.

Ihre persönliche, völlig sichere Verbindung mit dem natürlichen Überfluß bedingt schon automatisch, daß alles was um Sie herum geschieht, als erfüllend erlebt wird.

Ihre Entscheidung am natürlichen Überfluß teilzunehmen, kann eine vollständige Umkehr von dem bedeuten, was Sie bisher gelernt und erlebt haben.

Obwohl es genügend Ereignisse im Alltag gibt (Nachrichten, Mode, Werbung etc.), die uns von dem Erlebnis der natürlichen Fülle abhalten könnten oder es sogar versuchen, ist und bleibt es unsere freie Wahl, welcher Energie wir folgen. Energie folgt der Aufmerksamkeit. Wenn wir diese Ablenkungen nur als leicht störendes Geräusch betrachten und ihnen keine Aufmerksamkeit geben, so werden sie schnell aus unserem Leben verschwinden.

Wie betrachten Sie das Universum und sich selbst?

Fortschritte in der Quantenphysik im letzten Jahrzehnt erklären, daß das gesamte Universum Energie in Bewegung ist. Die Materie entsteht, wo diese Energie zusammenschmilzt, bzw. zusammengefügt worden ist. Die Quantenphysik erklärt weiter, daß jeder Mensch nicht nur ein Teil dieser universellen Energie ist, sondern diese auch bestimmen kann. Das bedeutet, daß, indem wir diese Energie „informieren", wir aus ihr heraus alles, was wir möchten manifestieren können.

Das, was der größte Teil unserer Gesellschaft im Kindesalter über das Universum „gelernt" hat ist, daß wir immer etwas leisten müssen, <u>bevor</u> wir etwas genießen dürfen. Der natürliche Überfluß ist den meisten unbekannt, und die weitverbreitete Lebensweise beinhaltet, daß wir hart arbeiten müssen (für Beziehungen, für Geld, für Freude etc.), um zu überleben.

Stellen Sie Ihre direkte Verbindung zu dem natürlichen Überfluß wieder her, das heißt, nehmen Sie Ihre eigene Schöpfermacht wieder an!

Was kann ich praktisch tun, um meine Schöpferkraft wieder fühlen zu können?

Lesen Sie den nachfolgenden Text einmal laut vor, und fühlen Sie, wie es Ihnen dabei geht. Wie ist der Ausdruck Ihrer Stimme, wie ist Ihr Bauchgefühl? Lesen Sie diesen Text so oft vor, bis ihre Stimme kraftvoll spricht und sich Ihr Bauchgefühl freudig anfühlt.

> „Ich nehme jetzt und hiermit meine natürliche Schöpferkraft vollständig an.
>
> Ich vergebe allen Energien und Personen, die mich ins Vergessen geführt haben, mögen auch Sie mir vergeben durch alle Zeiten, Ebenen und Möglichkeiten.
>
> Ich bin dankbar für den natürlichen Überfluß und den neu erwählten Reichtum auf allen Ebenen meines Seins."

Diesen Text laut auszusprechen ist ein sehr kraftvolles Ritual. Es wirkt befreiend und eröffnet Ihnen neue Möglichkeiten. Vor allem ist die Vergebung wichtig, um Sie von dem alten Zustand zu verabschieden. Sie sind soeben an den Punkt zurückgelangt, der Ihr reines unverfälschtes Ich darstellt: Ihre eigene Schöpfung! Alles Andere hat nun ihr System verlassen.

Die wahre Ordnung des Universums ist, daß Sie Teil des natürlichen Überflusses sind.

Dieses Buch zeigt Ihnen Methoden zur direkten Erfahrung von Überfluß, d.h. wie Sie zu allem, was Sie sich wünschen, gelangen! Sie werden authentisch und frei.

Ich bin mir hundertprozentig sicher:
DIES IST NICHTS NEUES FÜR SIE!

Sie haben es tatsächlich Ihr ganzes Leben über mehr oder weniger unbewußt getan: Geschöpft! Sie haben mit Ihren bisherigen Gedanken Ihr Leben bestimmt. Sie haben sich für eine bestimmte Möglichkeit aus den allumfassenden Quantenfeldern entschieden und dadurch Ihre Erfahrungen gesammelt, wie z.B. die Erwartung des Mangels, die Einsamkeit oder die Angst.

Wenn Sie jetzt wissen, daß es die Möglichkeit gibt, sich für eine andere Variante zu entscheiden, dann werden <u>Sie</u> zu dem „bewußt Bestimmenden" Ihrer eigenen Erfahrungen. Was auch immer Sie bestimmen, wird erfüllt. Das ist so, war immer so und wird immer so sein. Alles, was Sie wirklich zu tun benötigen, ist das neue Wissen zu integrieren, damit Sie Ihre Herzens-wünsche erfüllen können.

Ihr Herz ist grundsätzlich die Haupteinrichtung für die Kommunikation mit dem Universum. Ihr Kopfgehirn ist das, was die Informationen aus den Quantenfeldern aufnimmt. Ihr Bauchgehirn fokussiert Ihre Gefühle. Nur Ihr Herz kann diese beiden vereinen und die Struktur des Universums um Sie herum bestimmen.

Ich schlage Ihnen vor, Ihre Bestimmungen aus den Zentren Kopf und Bauch von „Mangel" in Richtung „Überfluß" zu ändern. Jedes Wesen was auf Licht und Liebe ausgerichtet ist, wird darüber glücklich sein, daß Sie solche Entscheidungen treffen und sich zu Ihrem Schöpferpotential bekennen!

Wie schnell funktionieren Manifestationen?

Die einfache Wahrheit ist, daß der Prozeß in Gang gesetzt wird, sobald Sie Ihre Bestimmung klar und deutlich ausgesprochen haben. Die Zeitspanne, bis Ihre Bestimmung manifestiert ist, hängt von den Umständen ab, nicht zuletzt von Ihrer eigenen Annahme, daß es wirklich funktionieren könnte.

Dinge, die Sie als einfach erachten, sind automatisch gekennzeichnet durch Leichtigkeit und ein positives Gefühl.

Da hier das Kopfgehirn mit dem Bauchgehirn bereits in Übereinstimmung ist, werden solche Bestimmungen normalerweise schnell beantwortet, wie eine kostenlose Tasse Tee zum Beispiel. Ihr Zweifel daran, daß sich diese Bestimmung erfüllt, ist relativ gering oder gar nicht vorhanden.

Bestimmungen, die Sie als schwierig erachten, werden länger brauchen, da Ihre Erwartung diese bremsen. Kopf,- und Bauchgehirn müssen erst in Einklang gebracht werden.

Für das Universum sind alle Dinge gleich einfach, und es fängt sofort an daran zu arbeiten, die für die Erfüllung Ihrer Bestellung notwendigen Verbindungen herzustellen.

Der beste Rat, den ich Ihnen hier geben kann, ist es, erwartungsfrei zu bleiben und einfach zu wissen, daß Sie Ihre Bestellung abgegeben haben und das Universum diese jetzt ausführt.

In der Struktur des Universums gibt es keinerlei Möglichkeiten Ihren Bestimmungen auszuweichen.

Der einzige Moment, in dem Sie an Ihre Bestimmung denken sollten, ist der Moment, in dem Sie sie aussprechen. Ansonsten können Sie einfach mit Ihrem Alltag fortfahren. Nützlich ist es, die Gefühle der Freude, des Glücklichseins und der Dankbarkeit ständig zu üben. Diese werden Ihr Leben ohnehin schon verbessern.

Die Struktur einer erfolgreichen Manifestation

Wie der Leitsatz im zweiten Kapitel schon zeigt: es geht bei der Manifestation um eine **hoch organisierte Methode**.

Um diese Methode erfolgsversprechend anwenden zu können, bedarf es einer äußerst wichtigen Struktur. Diese besteht aus aufeinanderfolgenden Regeln, die ich im Laufe dieses und weiterer Kapitel erläutern und vertiefen werde.

Zu Beginn ein kleiner Überblick über die „Grundregeln" einer erfolgreichen Manifestation:

1. Bestimmen Sie **immer** für sich **selbst**!

2. Verwenden Sie **präzise** und **klare** Worte.

3. **Sehen** Sie den erfüllten Wunsch vor Ihrem geistigen Auge.

4. **Fühlen** Sie die **Freude**, die **Dankbarkeit** und das **Glück** darüber, daß Ihr Wunsch **bereits erfüllt wurde**.

1.Manifestieren Sie nur für sich selbst

Eine Manifestation ist eine von Ihnen bewußt ausgesprochene Bestimmung.

Warum ist dies nur **FÜR SIE SELBST** möglich?

Um diesen ersten Punkt richtig zu verstehen und anzuwenden, führe ich Sie mit einem kleinen Exkurs in die Quantenphysik sowie die universellen Regeln ein.

Hier ist die erste Regel zur ersten Regel:

Eine Bestimmung können wir nur für unser eigenes Leben geben und niemals für das Leben eines Anderen! Jeder von uns hat einen absolut unantastbaren Willen, den *freien Willen*.

So wie niemand eine Entscheidung für Sie treffen kann, ist es auch unmöglich, daß Sie das Bewußtsein eines anderen übernehmen und verändern (auch nicht vorübergehend) können. Sie können nur Ihren eigenen Willen ausführen, niemals den eines Anderen.

Dazu gehört auch, daß Sie nicht bestimmen können, eine bestimmte Person etwas für Sie tun zu lassen, was Sie für richtig oder angemessen halten – es gibt also keinen "magischen" Liebeszauber!

Ich nenne es hier *Regel*. Ich hätte auch *Gesetz* schreiben können, doch beide Ausdrücke sind eigentlich nicht stark genug. Ich spreche nicht über eine Regel, die Ihnen beigebracht wurde, die Sie zu einem "guten Jungen" oder einem "guten Mädchen" im Sinne Ihrer Erziehung machen sollte. Ich spreche über die Art und Weise, wie das Universum strukturiert ist, und die Tatsache, daß es schlichtweg **unmöglich** ist, diese Regeln oder Gesetze zu brechen. Sie sind einfach absolut unantastbar. Selbst beim Versuch, sie vorsätzlich brechen zu wollen, wird es auf Sie zurückfallen. Der Ausdruck *Regel* handelt also nicht davon, gut oder schlecht zu sein, sondern wurde nur zu Ihrer eigenen Sicherheit und Ihrem Wohlbefinden aufgestellt.

Um einen möglichen Streitpunkt zu vermeiden, da der Masse "beigebracht" wurde, für Andere, statt für sich selbst zu beten: Es gibt <u>eine</u> einzige Möglichkeit, eine Bestimmung mit der Intention zu erteilen, daß ein Anderer den Nutzen daraus ziehen kann:

Sie können eine Bestimmung erteilen, die darauf abgezielt, Ihnen die Fähigkeit einzuräumen, dieser Person zu helfen oder Vermittler dafür zu sein, daß dieser Person das gewährt wird, was sie benötigt, um von ihrem Leiden erlöst zu werden, wenn es dem höchsten Wohle aller entspricht.

Sie geben die Bestimmung für die Erschaffung der Veränderung, doch überlassen die Entscheidung darüber, ob diese Hilfe vom Empfänger angenommen wird oder nicht. Ich wünsche mir sehr, daß Sie diesen Unterschied erkennen!

2. Präzision und Klarheit

Zu einer Bestimmung gehören weder Erklärungen noch Rechtfertigungen. Allein auszudrücken, was Sie wollen, ist die „nackte" Bestimmung selbst.
Je mehr Worte Sie benutzen, desto unklarer kann die Bestimmung werden. Das ist wie bei Computerdaten – die Qualität des Outputs hängt vollkommen von der Qualität des Inputs ab; nach dem Motto:

Müll rein = Müll raus.

Wenn Sie wissen, was Sie wollen und das in Worten ausdrücken, ist es perfekt!

Sprechen Sie gezielt und gerade heraus, einfach und klar, mit möglichst wenigen Worten.

„Wortfallen":
Sie sollten wissen, daß das Wort *„und"* generell ein Gefahrenpotential enthält und daher zu vermeiden ist.

Warum? Weil die Möglichkeit besteht, daß zwei Dinge zusammengebracht werden, die eigentlich zwei getrennte Handlungen zur Verwirklichung benötigen.

Ein Beispiel:
"Ich habe jetzt die Fähigkeit, Mama und Papa helfen zu können."
Mama braucht in Wirklichkeit etwas ganz anderes als Papa, um das Problem des Einzelnen zu lösen.

Sie versuchen in diesem Fall eine Lösung für zwei verschiedene Probleme zu manifestieren. Solch eine Lösung existiert sehr wahrscheinlich nicht. Um das zu erhalten, was Sie suchen, wären in obigem Beispiel zwei Bestimmungen nötig: "Ich habe jetzt die Fähigkeit, Mama zu helfen." und "Ich habe jetzt die Fähigkeit, Papa zu helfen." Ich hoffe, Sie haben verstanden, wie dies gemeint ist.

Zusätzlich sind alle Arten der Negation zu vermeiden. Für die universelle Energie ist ein *nicht* wirklich ein *Nichts* und daher ohne Bedeutung und Wirkung.

Ein Beispiel:
„In unserem Urlaub fahren wir nicht nach Sylt". In diesem Beispiel ist das „nicht" für das Universum existenzlos. Somit würde diese Bestimmung unausweichlich nach Sylt führen. Interessant oder?

An diesem Beispiel wird klar, wie wichtig es ist, daß Sie ausschließlich das erwähnen, was Sie wollen. Das folgt dann der bestimmten Aufmerksamkeit.

3. Innere Vision

Eine Bestimmung braucht mehr, als nur Worte. Sie braucht auch Bilder. Wenn ein sehr deutliches Bild von Ihrer bereits **„ausgeführten"** Bestellung vor Ihrem inneren Auge erscheint, ist es perfekt! Stellen Sie sich in den schönsten Farben und

Facetten bildlich genau das vor, was die Erfüllung Ihrer Bestimmung sein soll.

4. Gefühle

Präzise Wörter beschreiben genau das, was Sie möchten.

Die innere Vision zeigt wie die erfüllte Manifestation aussieht.

Doch ein wichtiger Aspekt fehlt noch: das Gefühl! Das Gefühl mobilisiert die Bewegung. Daher besteht die Notwendigkeit, beim Manifestieren alle drei Faktoren, d.h. Worte, Vision und Gefühle in den Einklang zu bringen.

Ein kleiner Trick

Es gibt einen kleinen, sehr wirkungsvollen Trick, um unser Gemüt zu überlisten!

Das Gemüt und auch unser Verstand versuchen sich meistens die Dinge vorzustellen, die wir manifestieren wollen. Das heißt, wenn Sie sagen „Ich Habe jetzt...." Dann kann es sehr schnell passieren, daß Sie versuchen sich vorzustellen, WIE diese Bestimmung erfüllt wird. Durch diese versuchten Vorstellungen schränken Sie das

Universum sehr ein. Ja, es kann sogar zu Verwirrungen kommen.

Wenn Sie die Wörter:

<u>Meine</u> Verantwortung allein ist das Entscheiden und das Bestimmen, also tue ich dieses.

<u>Das Universum</u> allein ist in der Lage sich um das **Wie** zu kümmern, also überlasse ich ihm dies vollständig.

---

verwenden, so wird in Ihnen eine Ruhe entstehen, welche erforderlich ist, um die besten Ergebnisse zu erzielen.

Sie können also nach den Anweisungen manifestieren und immer, wenn sich Vorstellungen oder Fragen in Ihre Gedanken einschleichen, denken Sie die oben genannten Wörter.

Warum funktioniert Manifestation auf diese Weise und nicht anders?

• Eine echte Manifestation ist ein höflicher **Befehl** und kein Bittbrief!

• Eine echte Manifestation definiert präzise, was gefordert wird; es ist niemals ein Angebot für einen Handel („Gib mir, und dann bin ich auch schön brav" oder „Weil ich so lieb bin, schenke mir doch endlich…" etc.)

• Eine echte Manifestation wird bereits als erfüllt betrachtet; es ist niemals nur ein frommer Wunsch sondern eine Bestimmung, die nicht abgelehnt werden kann.

Können Sie schon den Unterschied sehen zwischen dem, was Ihnen möglicherweise beigebracht wurde, und dem, was tatsächlich funktioniert?

Zusammenhänge zwischen den Energiesystemen des menschlichen Körpers und einer funktionstüchtigen Bestimmung

Der nächste Schritt zum tieferen Verständnis ist nun, die Energiestrukturen ihrer Organe zu betrachten und zu sehen, wie diese mit dem Manifestieren zusammenhängen. Ich bin Gregg Braden sehr dankbar für die möglicherweise deutlichste Erklärung hierfür auf seiner DVD "Die Göttliche Matrix", die Sie unter www.koha-verlag.de erhalten können

Das Wichtigste daraus möchte ich nachfolgend kurz erläutern:

Im Grunde genommen ist das Gehirn in Ihrem Schädel (Kopfgehirn) der Empfänger für Informationen aus den Quantenfeldern, die jeden von uns durchdringen.

Das Gehirn im Bauchraum ist die Quelle für Ihr intuitives Wissen darüber, was Ihnen wirklich nützlich ist. Es wirkt wie ein Generator für emotionale Energie, die Ihren Bestimmungen die erforderliche Kraft verleiht, das zu manifestieren, was Sie sich wünschen.

Neben den oben angeführten Gehirnzentren „Kopf" und „Bauch" ist das

HERZ! Ihr wichtigstes Organ.

Selbst die Wissenschaft hat nun kürzlich entdeckt, daß Ihr Herz der bei weitem kräftigste Energieübermittler in Ihrem Körper ist – hunderte Male stärker als Ihr Kopf und mit einem meßbaren Radius von mehreren Metern!

Wenn Sie das Konzept in Ihrem Kopf mit dem Wissen und der emotionalen Kraft in Ihrem Bauch verbinden, beides zusammen in Ihrem Herz vereinen und die Bestimmung von dort heraus erteilen, ist die Erfüllung dieser Bestimmung für das Universum unumgänglich.

Eine auf diese Weise ausgesprochene Manifestation funktioniert immer, weil:

- Sie keinen Konflikt mit sich selbst haben, d.h., Körper, Geist und Seele sind alle auf dasselbe Ziel gerichtet.

- Ihre Vorstellungskraft, Ihre Gefühle und Ihr Wille dieselbe Ausrichtung erhalten.

- Die Quantenfelder **immer** auf Ihren Input antworten, d.h., Sie erhalten immer, was Sie bestimmt haben.
Wenn Ihr Input widersprüchlich und vage ist, wird Ihre Erfahrung Ihnen dasselbe spiegeln. Wenn Ihr Input präzise und schlüssig ist, wird genau dies Ihre Erfahrung sein.

- Es keine externe Kraft im Universum gibt, die die Fähigkeit besitzt, sich Ihnen entgegenzustellen.
Sie **sind** das perfekte Abbild des Schöpfers – das ist mit "nach dem Bilde Gottes" gemeint.

Die volle Schöpferkraft liegt in Ihnen und findet dort auch ihre Anwendung. Wenn all Ihre drei „Teile"- Körper, Geist und Seele - dasselbe Ziel haben, geschieht Ihr Wille mit Sicherheit!

Reine Worte, wie Sie es vielleicht erlebt haben, sind nur einer von drei Teilen, die Sie für eine effektive Manifestierung benötigen. Nur wenn alle drei Teile ausgeführt werden, kann das geschehen, was Sie sich bestimmen.

Was immer Sie erleben, es ist das Ergebnis Ihrer Entscheidungen, Ihrer Erwartungen, Ihrer Gefühle und Ihrer Zentrierung.

Was bedeutet das in letzter Konsequenz?
Es bedeutet, daß es auch dann das ist, was Sie manifestiert haben, wenn Ihnen das Leben, welches Sie leben, nicht gefällt. Achten Sie genauestens auf Ihre Gedankenmuster, Worte, Bilder und Gefühle!

Es bedeutet darüber hinaus, daß pure Worte fast immer leer und ohne Bedeutung sind. Wird Ihren Worten durch Ihre eigenen Gefühle oder Erwartungen widersprochen, stehen die Worte allein da. Die Wortwahl bleibt dann ein leeres Gerede und kann quantenphysikalisch keinerlei Auswirkungen haben.

Wir halten fest

Dies ist die Sprache, die das Universum versteht und es wird sich beeilen, Ihren Befehl auszuführen. Die Worte aus Ihrem Kopf, Ihre Vision und die Gefühle in Ihrem Bauch müssen zusammenkommen und in Ihrem Herzen eins werden.

Nur Ihr Herz allein ist von der allgemeinen Energiestruktur her in der Lage, mit dem Universum zu sprechen.

Sowohl die Ausrichtung (bewußte Wahl) als auch die Kraft (das Gefühl der Erfüllung) sind notwendig, um eine schlüssige Bestimmung zu erteilen, die das Universum erledigen wird.

Bester Tageszeitpunkt zum bewußten Manifestieren

Im Grunde genommen manifestieren wir mit unseren Gedanken und Gefühlen stetig zu jeder Tages,- und Nachtzeit.

Wenn wir etwas bewußt bestimmen wollen, ist es hilfreich, sich dafür eine angemessene Struktur zu erschaffen.

Lassen Sie mich Ihnen helfen, Ihre optimale Manifestationszeit, eingebaut in Ihren Alltag, zu finden:

Abendzeit

Am Ende des Tages sind die meisten Menschen, bedingt durch den Alltagsstreß, viel zu erschöpft. Viele unverarbeitete Gefühle und Erlebnisse des Tages begleiten Sie noch. Wirklich sinnvoll ist es, sich hinzulegen und die Anspannungen des Tages abzubauen, während Sie schlafen oder den Tag ganz bewußt an sich vorüberziehen zu lassen. Es ist nachvollziehbar, daß zu diesem Zeitpunkt die Fähigkeit, Ihre Kraft zu fokussieren, äußerst gering sein kann und Ihnen das Durchhaltevermögen für geistige Anstrengungen schlichtweg fehlt. Hinzu kommt, daß sich Viele um Sie herum in demselben erschöpften Zustand befinden, was zu Ihrer eigenen Erschöpfung noch zusätzlich hinzukommt. Insgesamt ist dieser Zeitpunkt der schwierigste, gemessen an den Alternativen, auch wenn er uns häufig am leichtesten erscheint. Dies kann daher kommen, daß wir die Alltagsprioritäten gerne anders setzen, und es nicht gewohnt sind, uns **bewußt** für **uns** Zeit zu nehmen.

Morgenzeit

Der optimale Tageszeitpunkt, an dem es wirklich perfekt ruhig und energiegeladen in Ihnen und um Sie herum ist, ist zwischen vier und fünf Uhr am Morgen!

Diesen Zeitpunkt nennen die Yogis *ambrosische Stunden = goldene Stunden* des Tages. Durch den Nachtschlaf haben Sie sich erholt, und Ihr Gemüt ist noch ganz still. Auch schlafen zu diesem Zeitpunkt noch die meisten Menschen, so daß das gesamte Gedankenmuster Ihrer Umgebung insgesamt ruhig ist.

Es kann sein, daß bei dieser Zeitvorstellung jetzt ein Teil in Ihnen „NEIN! - Auf keinen Fall stehe ich SO früh auf!" schreit – das ist normal, dieses Gefühl, den inneren Schweinehund überwinden zu müssen, gehört einfach zu unserem

Menschsein dazu. Sein Vorteil ist jedoch, daß er uns einlädt, die Hürde zu nehmen. Eine Erfahrung ist es in jedem Falle wert, einmal so früh aufzustehen. Schon allein aus dem Grund, um nachzuempfinden, wie es sich anfühlt, in diesen Ruhestunden allein mit sich selbst und der umgebenden tiefen Stille zu sein. Gerade in dieser Stille umfängt uns oft eine Ahnung von unserer Göttlichkeit. Stille ist eine der absoluten Notwendigkeiten des Menschen, um überhaupt mit dem Universum in Kontakt treten zu können. Wenn Sie einmal in den Genuß von Stille gekommen sind, so werden Sie sich bereichert fühlen.

Außerdem könnten Sie sich danach ja wieder hinlegen!

Für Familien oder andere Wohngemeinschaften wäre die Idee, einfach eine viertel Stunde früher als die Anderen aufzustehen, einen Versuch wert. Ihr Konzept könnte lauten: Aufstehen, Fokussieren, Manifestieren.

Wenn Sie „Hausfrau/-mann" sind, können Sie auch warten, bis alle anderen Familienmitglieder zur Arbeit/Schule gegangen sind. Machen Sie es sich gemütlich sobald alle aus dem Haus sind, trinken Sie Ihren Morgentee oder –kaffee, und wenn Sie das Gefühl haben, daß Sie auf sich selbst fokussiert sind, dann wissen Sie, daß es sich jetzt um die richtige Zeit für Ihre Manifestation handelt.

Junge Mütter oder Väter könnten manifestieren, wenn das Baby seinen Vormittagsschlaf hält.

Ich hoffe Sie können nachempfinden, daß der Zustand wach, fokussiert und ungestört zu sein, eine tragende Säule für eine funktionierende Manifestation darstellt.

Wenn Sie es dann auch noch einrichten können, Ihre Manifestationen jeden Tag zu demselben Zeitpunkt zu praktizieren, werden Sie feststellen, daß die Erfüllung Ihrer Bestimmungen mit Ihrer Disziplin wächst, d.h. beschleunigt wird.

Der beste Ort Ihre Manifestationen zu üben

Idealerweise schaffen Sie sich einen Ort, an dem Sie jeden Tag Ihre Bestimmungen praktizieren ein besonderer Ort in Ihrem Haus, der nur für Manifestationen reserviert ist. Dies kann Ihnen helfen, Ihre Anliegen besser zu fokussieren, ist aber nicht zwingend erforderlich.

Wenn Sie sich diesen Ort schaffen können, sollte dieser sauber, klar und ruhig sein. Je spezieller dieser Ort für Sie ist, umso präziser können Sie Ihre Anliegen fokussieren. Stellen Sie Kerzen und Blumen auf, vielleicht ein paar Kristalle – was auch immer diesen Ort für Sie besonders macht.

Für viele Menschen ist es nicht möglich, sich einen solchen speziellen Ort herzurichten. In einem solchen Fall suchen Sie sich einfach einen Platz, an dem Sie zehn Minuten in einem geordneten Raum ruhig sitzen können. Das ist alles, was Sie wirklich brauchen.

Vorbereitungen für die Manifestation

In manchen Traditionen wird erwartet, daß Sie vor dem Aussprechen von Gottes Namen Reinigungsrituale vollziehen. Hierfür gibt es tatsächlich einen Grund, den ich Ihnen selbstverständlich so gut wie möglich erläutern möchte:

Kaltes Wasser (ein Fluß oder eine kalte Dusche) hat die Fähigkeit, stagnierende Energie zu entfernen, die Sie eventuell von anderen aufgenommen haben oder während der Nacht aus Ihren Zellen ausgeschieden haben.

Kaltes Wasser erhöht Ihre Klarheit, indem es das entfernt, was Sie verwirrt und auch Ihr Nervensystem stärkt. Wenn Sie also morgens vor der Manifestation duschen, dann versuchen Sie es doch einfach mal, sich zumindest zum Schluß kalt abzubrausen, und erfahren Sie den wundervollen Effekt dieser einfachen Übung!

Unsere Kleidung ist ein weiterer interessanter Punkt.

Vielleicht fühlen Sie, daß eine besondere Kleidung Ihren Fokus verstärkt. Sollte dies Ihr Gefühl sein, so folgen Sie diesem!

Wenn Sie das Gefühl haben, daß vollständige Nacktheit ein Ausdruck Ihrer Unschuld und Kraft ist, dann folgen Sie auch diesem Gefühl.

All das, was sich für Sie gut und richtig anfühlt, ist auch gut und richtig für Sie.

Ein dritter wichtiger Punkt sind unterstützende Körperhaltungen.

Jede Körperhaltung, die Sie einnehmen, sollte bequem sein, da sonst ein körperliches Unwohlsein Ihren Fokus verändert. Wichtig ist in jedem Fall eine aufrechte Wirbelsäule.

Sicherlich haben Sie schon Bilder von unterschiedlichen Gebetshaltungen gesehen. Normalerweise wird nur die Form und nicht die Bedeutung dieser Körperhaltungen gelehrt und deshalb können Mißverständnisse entstehen. Ich möchte Ihnen helfen, mehr Hintergründe über die

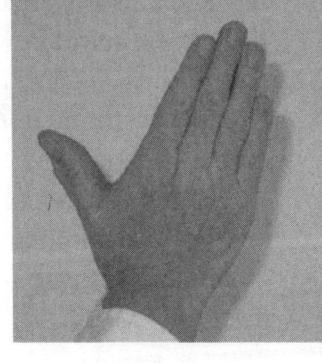

einzelnen Haltungen zu erfahren, um die evtl. Scheu hiervor zu verlieren.

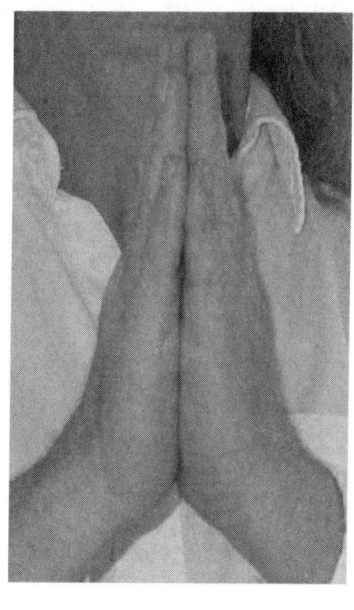

Ich beginne mit einem *Mudra*: Es gibt hierfür kein deutsches Wort (Handhaltung wäre zu allgemein), deshalb verwende ich das Sanskritwort.

Ein Mudra bildet in jedem Fall einen geschlossenen Kreis.

Es gibt sehr viele davon in der Ayurvedischen Heilweise, im Tai Chi und in ähnlichen Lehren.

Dieses bestimmte Mudra hier auf den Fotos ist das *Mudra der Stille*.

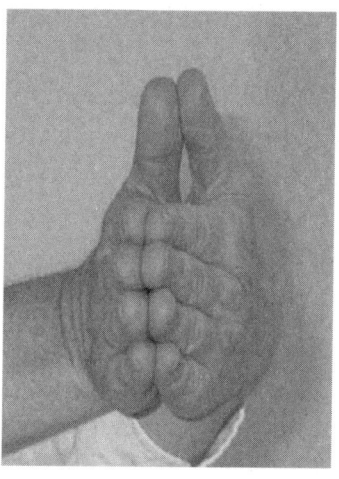

Praktizieren Sie dieses Mudra, wird Ihre gesamte Körperaktivität auf ein Minimum herabgesenkt, so daß die maximale Konzentration auf die vorliegende Aufgabe (nämlich die Manifestation) erreicht wird.

Alle Fingerspitzen liegen aneinander und die Handflächen flach gegeneinander.

Auf dem folgenden Foto ist ein falsch–gelehrtes "Mudra".

Es heilt nicht, sondern fördert oder erschafft Schuldgefühle und sollte niemals verwendet werden. Es diente der Entmachtung der wahren kraftvollen Bestimmung.

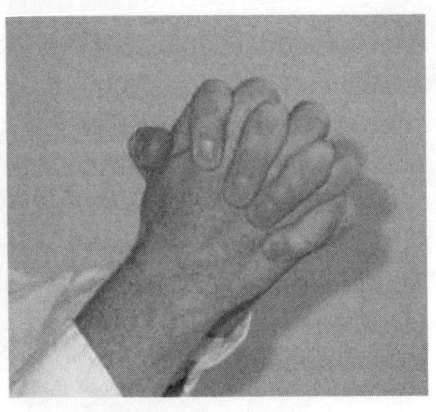

Nachdem wir zwei wichtige Mudras der Hände betrachtet haben, können wir zur Haltung des restlichen Körpers übergehen.

Im Islam, Hinduismus und einigen anderen Lehren, ist es gebräuchlich, daß der Praktizierende seine Stirn auf den Boden legt.

Dies wird getan, nicht weil Gott "Gehorsam" fordert, sondern ganz einfach und praktisch, weil dies sowohl den Blutfluß zum Gehirn verbessert, als auch Nacken und Schultern entspannt, und somit Klarheit und Konzentration gefördert werden.

Eine weitere Haltung ist die, auf den Knien zu bestimmen. Hierbei wird die Wirbelsäule automatisch aufgerichtet, was wiederum Konzentration und Klarheit fördert.

Derselbe Effekt kann dadurch erreicht werden, daß Sie sich auf die vordere Kante eines harten Stuhles setzen und beide Füße flach auf den Boden stellen.

Wenn Sie in Hatha-Yoga geübt sind, können Sie im Lotussitz sitzen.

Alles, was auch immer für Sie bequem ist und Ihre Wirbelsäule und Ihren Kopf aufrichtet, ist die für Sie richtige Position, und darauf kommt es an.

Bei all den Vorbereitungen, die Ihren Körper und Ihre Umgebung betreffen, handelt es sich zu guter Letzt natürlich um den wichtigsten Aspekt des Ganzen, nämlich um die Tatsache, daß Sie genau wissen, worum es sich bei Ihrer Bestimmung inhaltlich handeln soll. Hierfür benötigen Sie einen Zettel und einen Stift, vielleicht sogar ein hübsches Büchlein, in dem Sie all das aufschreiben, was Sie sich vorstellen, was Ihre Manifestation enthalten soll.
Erst wenn völlig klar ist, und sich für Sie richtig anfühlt, was in Ihren Notizen steht, ist es an der Zeit, die Körperhaltungen und das Mudra anzuwenden und die Bestimmung auszuführen.

Wenn Schwierigkeiten auftreten

Es ist äußerst wichtig, sich für das Manifestieren klar zu fokussieren, um die drei Aspekte Wort, Gefühl und Herz in den Einklang zu bringen. Hierbei können Schwierigkeiten auftreten, die ich im Folgenden aufführe, erläutere und Lösungsvorschläge biete.

1. Der Zustand Ihres Gemüts

Das Gemüt ist der Teil in uns, der es laut buddhistischer Lehre im untrainierten Zustand schafft ca. 7.000 Gedanken in einer Minute zu denken, wobei eineinhalb davon wahr sind!
Es ist der weltliche Teil in uns, der auf dem „Spielfeld" Erde den absoluten Heimvorteil gegenüber unserer Seele besitzt. Das Gemüt ist in diesem Falle der Gastgeber, der sich in der Dichte dieser Welt bestens auskennt, und die Seele, der universelle Teil in uns, ist der Gastspieler, der sich mit den Bedingungen dieser Welt erst einmal zurechtfinden muß. Wenn wir den ständigen Gedankenstrom unseres Gemüts zur Ruhe bringen wollen, ist es sehr hilfreich zu wissen,

was die Aktivität vermehrt und was sie verringert.

Vermehrend sind z.B. alle Arten von Genußmitteln, inkl. Zucker, Schweinefleisch (deshalb in so vielen Religionen verboten), über andere Menschen schlecht reden, Sorgen usw.

Verringernd sind z.B. basische, vollwertige Nahrung, Verzicht auf Genußmittel, Meditation, Yoga, Chi Quong und ähnliches.

Achten Sie doch einfach mal bewußt darauf, wieviele Gedanken in Ihnen zu beobachten sind, und wie Sie eine Reduktion dieser erreichen. Es kann schon helfen, die reine Absicht auszudrücken z.B.: „Mein Gedankenstrom ist jetzt um die Hälfte reduziert".

2. Der Zustand Ihres Unterbewußtseins

Stellen Sie sich die Spitze eines Eisberges vor. Und jetzt wandern Sie mit ihrem Bewußtsein unter das Wasser, und sehen Sie, wie groß dieser Berg wirklich ist. So ist das auch mit Ihrem Unterbewußtsein! Unser Bewußtsein ist nur ein kleiner Teil von etwas ganz Großem, der allerdings wachsen kann. Wenn wir den unteren Teil des Eisbergs erkunden, sinkt sozusagen der Wasserspiegel, und die Eisbergspitze wird größer. All das, was Ihnen als Kind vermittelt wurde, oder was Sie aus anderen Leben mitgebracht haben oder Ihre Ahnen Ihnen als „Ahnenmuster" übergeben haben, ist in Ihrem unteren „Eisbergteil" gespeichert. Das Wasser ist der Anzeigepegel, der Ihnen zeigt, wieviel Sie schon von dem erkundet und aufgearbeitet haben, was tief in Ihnen wirkt.

Wenn Ihre Eltern Ihnen z.B. gesagt haben, „Geld wächst nicht an den Bäumen!" oder das „Man kann nicht immer alles haben, was man will!" oder „Du bist nicht gut genug dafür!", desto unglaubwürdiger kann Ihnen das Gegenteil vorkommen.

Wenn Ihrem Unterbewußtsein jedoch etwas unglaubwürdig vorkommt, und Sie in Ihrem Bewußtsein davon nichts wissen, wird es wahrscheinlich Schwierigkeiten beim Manifestieren geben, da die drei Komponenten nicht zusammenspielen.
Wenn Sie also nicht wirklich an das glauben können (in Form eines freudigen Gefühls), was Sie sprechen, kann nichts manifestiert werden,

außer dem Zustand, der in Ihrem Unterbewußtsein gespeichert ist. Wenn Sie nun also wissen, welche Einflüsse in Ihnen sein könnten, werden Sie sich selbst sicherlich wichtige innere Fragen beantworten können. Mit stetigem Training wird der Wasserspiegel Ihres Eisbergs sinken, da bin ich mir sicher! Vorschläge hierzu finden Sie auf Seite 215.

3. Der Zustand Ihres Körpers

Der Zustand Ihres Körpers hat eine enorme Auswirkung auf Ihre Fähigkeit, funktionstüchtige Bestimmungen zu erteilen. All Ihre Zellen sind abhängig davon, was Sie ihnen zuführen. Wenn Sie also gerade einen vollen Bauch mit schwer verdaulichem Essen zum bewußten Manifestieren nutzen wollen, werden Sie bemerken, daß Sie viel müder sind, als mit einem halb gefüllten Magen. Auch ein knurrender Magen ist natürlich eher ablenkend und nicht förderlich.

Aber es geht um noch mehr:

Die Ernährung des Körpers informiert dessen Zellen. Den folgenden Satz haben wir alle schon einmal gehört: „Der Mensch ist, was er ißt"!

Sollten Sie Schwierigkeiten haben, dies als Tatsache zu betrachten, so würde ich Ihnen den Vorschlag machen, das Buch „Hippokrates hatte Recht" von Hubert Descamps zu erwerben.

Ihr Körper ist so etwas, wie das Auto Ihrer Seele und bewegt sich natürlich leichter und zuverlässiger, wenn es häufig gewartet wird, regelmäßige Ölwechsel stattfinden, gutes Benzin verwendet wird usw. Ich denke, Sie wissen, was ein Auto pflegt und es geht mir nicht darum hier über Autopflege zu sprechen, sondern darüber, wie wichtig es ist, Materie (in diesem Fall den Körper) fachgerecht zu pflegen und zu versorgen.

4. Sonderpunkte

Ich habe einige Sonderpunkte zum Thema Schwierigkeiten erarbeitet, die im Folgenden aufgelistet sind. Diese Punkte sind eine Hilfestellung für alle, die direkt oder indirekt damit zu tun haben.

Alkohol

Alkohol verzerrt die Gefühlsstruktur, und es kann passieren, daß Sie unbewußt ein Gefühl mit in die Bestimmung geben, welches die Manifestation in eine falsche Richtung lenkt. Dies gilt besonders für die ersten 72 Stunden nach Alkoholgenuß, selbst wenn es nur ein Gläschen Sekt oder Bier war. Beobachten Sie dies doch einmal selbst an sich. Unterstützende Hilfe finden Sie in Anhang II auf Seite 215.

Marihuana

Marihuana "schenkt" uns die Illusion von "Gelassenheit", weil es die bewußte Kontrolle über die Gefühle ausschaltet. Durch die Entkopplung der Gefühle werden auch unangenehme Gefühle nicht mehr wahrgenommen. Dadurch entsteht der erwünschte "Gelassenheitszustand". Die unerwünschte Antriebslosigkeit entsteht ebenso durch diese Entkopplung, da ja kein Beweggrund zum Handeln besteht, wenn antreibende Gefühle nicht wahrgenommen werden. Selbst motivierenden Gefühlen kann nicht nachgegangen werden, da der Weg dorthin durch die Entkopplung fehlt. Unter diesen Umständen können Sie Ihre Kraft nicht ausreichend aktivieren, um eine wirkungsvolle Bestimmung zu erteilen.

Marihuana hat eine äußerst „klebrige" Energie und kann bis zu drei Jahren Ihre Fähigkeiten einschränken. Es gibt Möglichkeiten diese Zeit zu verkürzen und die Marihuana-Information von Ihrem System zu entfernen. Diese werden in Anhang II auf Seite 217 näher beschrieben.

Pharmazeutische Präparate

Viele pharmazeutische, sowie "verbotene" Präparate verursachen in unterschiedlichster Weise, daß die Entscheidungsfähigkeit eines Menschen aufgrund einer Wahrnehmungsstarre fehlgeleitet wird. Das bedeutet, daß die Gefühle keinen oder zu wenig Anteil an einer Entscheidungsfindung haben. Spätestens hier sind Fehlentscheidungen vorprogrammiert. Bei spezifischen Fragen zu diesem Themenbereich können Sie Kontakt mit Karma Singh aufnehmen. Sehen Sie hierzu die Kontaktdetails auf Seite 240.

Tiefere Einblicke in die Praxis der Manifestierung

Glaubwürdigkeit

Ihre Bestimmung muß für Sie selbst unbedingt **glaubwürdig** sein.

Wenn Sie zum Beispiel auf der Straße leben würden und ein Freund würde Ihnen dieses Buch geben, weil Sie es nicht bezahlen können, und Sie würden sich gleich zu Beginn 10.000 Euro versteuertes Einkommen monatlich bestellen – glauben Sie, daß das funktioniert? Ich nicht! Nicht weil es unmöglich wäre, sondern, weil ich davon ausgehe, daß Sie es nicht **wirklich** glauben können. Es ist zu weit von Ihrer aktuellen Erfahrung und Ihrem **wirklichen** Glauben entfernt. Näher an Ihrem wirklichen Glauben könnte die Formulierung sein: "Ich verdiene jetzt dreißig Euro jeden einzelnen Tag". Dies kann funktionieren, weil Sie es glauben **können**.

Wenn Sie dieses Einkommensniveau für einige Zeit genossen haben, können Sie es Schritt für Schritt auf vierzig, fünfzig, sechzig, usw. täglich erhöhen. Jeder Schritt muß eine für Sie glaubwürdige Verbesserung darstellen. Wenn Sie bei 10.000 Euro monatlich angekommen sind, wären z.B. 12.000 Euro eine glaubwürdige Verbesserung.

Zentrieren Sie sich so weit, daß Sie Ihre volle Schöpferkraft annehmen können. Alle zweifelnden Teile in Ihnen gehören lediglich zu den unterbewußten, alten Programmen, die Sie in Ihrem inneren Eisberg tragen. Es ist hilfreich zu wissen, daß diese Teile in Ihnen zwar vorhanden sind, dies aber nicht der Gesamtheit entspricht. In der Gesamtheit sind Sie mehr als das. Entscheiden Sie sich für Ihren schöpferischen Aspekt, können Sie aufhören, sich mit allem, was sie kleiner fühlen läßt zu identifizieren.

Formulieren

Eine Bestimmung ist keine Bitte, sondern wie bereits betont, ein höflicher Befehl. Was auch immer Sie wollen, es muß in der Bestimmung, die Sie erteilen, ganz klar formuliert sein.

Das Universum kann manchmal unberechenbar erscheinen, doch nur, um Sie zu lehren, noch präziser zu formulieren und zu fühlen.

Das Universum wird immer den schnellsten Weg aussuchen, Ihre Bestellung, so wie Sie sie tatsächlich aufgeben, zu erfüllen.

Es liegt ausschließlich an Ihnen, bei Ihren Bestimmungen sehr präzise zu sein, um die Möglichkeiten, die Sie nicht wünschen, auszuschließen.
Es zahlt sich aus, sich die Zeit zu nehmen und achtsam zu erwägen, was Sie bestellen wollen, bevor Sie dies tun. Nichts ist verloren, wenn Sie sich zwei oder drei Tage Zeit nehmen, um jeden Aspekt zu studieren und den Wortlaut auszuformulieren, so daß es **wirklich** das ausdrückt, was Sie erreichen wollen.

Wenn Sie eine Beziehung wünschen, entscheiden Sie zuerst, wonach Sie suchen.
Einen One-Night-Stand?
Einen netten Urlaub?
Einen Liebhaber?
Den perfekten Partner, der Sie lehren wird, Sie selbst zu werden, und dann den Rest seiner Tage mit Ihnen verbringen wird?

Seien Sie ehrlich, und formulieren Sie genau, was Sie wollen. Auf diese Weise wird niemand verletzt, und Sie werden viel glücklicher sein.

Was genau wollen Sie im Bereich Gesundheitsfragen?
Einen optimalen Gesundheitszustand?
Eine Verjüngung ihrer Zellen?
Die Heilung einer bestimmten Erkrankung?
Mehr hierzu finden sie im Kapitel „Heilende Manifestationen ab Seite 126.

Haben statt wollen

Was immer Sie sich wünschen – es ist wichtig, es in der vollendeten Form zu formulieren. Die folgende Formulierung beispielsweise wäre zu unpräzise:
"Ich möchte fünfzig Euro tägliches Einkommen".
Hiermit bestellen Sie nicht das Geld, sondern die Erfahrung, das Geld zu wollen. Dabei bleibt es dann leider auch! Eine präzise Formulierung hierfür wäre "Ich **habe** jetzt fünfzig Euro versteuertes Einkommen täglich". Das Universum erkennt kein zukünftig, nur ein **Jetzt**.

„Ich will, ich möchte" bedeutet für das Universum "gib mir jetzt die Erfahrung, fünfzig Euro zu wollen". „Ich habe jetzt" bedeutet für das Universum "liefere jetzt fünfzig Euro!"

Hier eine kurze Wiederholung der wichtigsten Punkte:

- Fassen Sie ein für Sie glaubhaftes Ziel, welches Sie sich bildlich vorstellen und in Ihrem Herzen mit einem innerlichen **Ja** fühlen und begrüßen können.
- Formulieren Sie dieses Ziel **präzise und unmißverständlich**.
- Formulieren Sie immer in der **vollendeten Form** "Ich habe **jetzt**...".
- Beobachten Sie **geduldig und aufmerksam** Veränderungen, die sich in Ihrem Inneren abspielen.
- Lesen Sie die folgenden zwei Kapitel, bevor Sie Ihre erste Bestimmung formulieren.

Die Wichtigkeit des richtigen Gefühls

Lassen Sie uns schauen, welche Gefühle zum Manifestieren dienlich sind.

Was würden Sie fühlen, wenn das, was Sie sich wünschen, Ihnen jetzt gegeben werden würde? Genau in dieser Minute in Ihre Hände gelegt werden würde?

Könnten das **Freude**, **Glücklichkeit** und **Dankbarkeit** sein?

Genießen Sie diese Gefühle!

Eine Bestimmung wird immer im Jetzt gesprochen, und zwar so, als ob es bereits jetzt erfüllt ist. Deshalb ist es logisch, daß die drei Gefühle Freude, Glücklichkeit und Dankbarkeit die richtigen für die Erfüllung Ihrer Manifestierung darstellen. Sie können diese Gefühle auch in Ihrem Alltagsleben üben und je mehr Sie dies tun, desto kraftvoller werden Ihre Manifestierungen sein.

Je mehr Sie sich im Fühlen der Freude, Dankbarkeit und Glücklichkeit üben, desto leichter werden Sie Ihr Ziel erreichen. Wenn diese Gefühle beginnen, Ihr Leben zu dominieren, wird es mit ganz großer Sicherheit glücklicher und erfüllter sein.

Es gibt eine Aussage, die ich häufig höre:

"Wenn ich etwas bekommen habe, für das ich dankbar sein kann, dann werde ich auch dankbar sein."

Diese Aussage basiert auf dem Mißverständnis, daß Dankbarkeit eine Reaktion auf ein Ereignis ist, während sie in Wirklichkeit gar keine Reaktion, sondern ein **Schöpfungsakt** ist!

Ja! Dankbarkeit ist ein **Schöpfungsakt**!

Stellen Sie sich vor, Sie erhalten das, was Sie sich wünschen, und fühlen Sie dann Ihre Dankbarkeit darüber! Das garantiert das Ergebnis!

Dankbarkeit **erschafft** das, was Sie wollen.

Dankbarkeit ist die **Ursache** und nicht das Ergebnis einer erfreulichen Erfahrung.

Dankbarkeit ist eines der zwei stärksten Gefühle, die ein menschliches Herz tragen kann. Das andere Gefühl ist das der Panik! Panik ist der Glaube, daß ich nichts habe. Dankbarkeit ist das Wissen, daß ich alles habe.

Ähnlich verhält es sich mit Freude und Glücklichkeit.

Freude ist das Gegenteil von Hilflosigkeit.

Glücklichkeit ist das Gegenteil von Wut.

Die meisten Menschen glauben, daß ihre Gefühle lediglich als Reaktion auf das, was um sie herum geschieht, oder auf das, was andere Menschen tun, entstehen. Viele Menschen glauben tatsächlich, sie hätten gar keinen Einfluß auf ihre Gefühle.

Ich sage Ihnen: das stimmt nicht! Sie haben einen Einfluß auf Ihre Gefühle! Dies wird auch durch die Quantenphysik belegt.
Es kann Ihnen so vorkommen, als ob dies nicht so sei, es ist aber dennoch wahr. Lassen Sie mich erklären:
Was Sie fühlen, ist Ihre **Reaktion** auf Ihre **eigenen Urteile** bezüglich dessen, was um Sie herum

geschieht. Genauer gesagt, sind **Sie** es selbst, der entscheidet, was für ein Gefühl Sie erleben werden! Was Andere tun, hat keinerlei Auswirkung darauf. Ihr Bewußtsein ist unantastbar, und kein anderer kann Entscheidungen für Sie treffen oder Urteile an Ihrer Statt fällen.

Einzig und allein **Sie** haben die Schöpferkraft für und über sich selbst zu entscheiden!

Ich möchte Ihnen dies mit einem kleinen Experiment ganz geschickt beweisen.

Setzen Sie sich ruhig hin, schließen Sie die Augen, atmen Sie langsam und tief und erinnern Sie sich an ein Ereignis aus der Vergangenheit: Der Tag Ihrer Hochzeit, die Geburt Ihres ersten Kindes, das erste Mal, daß Sie Ihre(n) Liebste(n) im Arm hielten, dieser Wahnsinns-Überraschungs-Geburtstag, was auch immer, erinnern Sie sich einfach genau, wie es war.

Warum haben Sie dieses wunderschöne Lächeln im Gesicht?

Sehen Sie?

Ihre Gefühle werden nicht von dem, was um Sie herum geschieht bestimmt, sondern sie werden von Ihnen selbst gewählt. Indem Sie sich entscheiden an etwas Schönes zu denken, entscheiden Sie sich gleichzeitig für ein schönes Gefühl.

Beispiel Wut

Wut ist der Wunsch, die Vergangenheit zu verändern, und Ihre Rechtfertigung für die Schuldzuweisung an jemand anderem für etwas, das Sie nicht gut fanden. Es kann ebenso das Ausbleiben von etwas sein, das Sie wollten.

Die Wut ist eine Kraft, die sehr zerstörerisch sein kann, wenn Sie einfach nur da ist, ohne gesehen, betrachtet oder verstanden zu sein. Sie können sich entscheiden, der Wut einen Raum zu gewähren, und sich um diesen wütenden Teil in Ihnen zu kümmern, doch in ihrer Manifestation hat die Wut nichts zu suchen, oder? So ähnlich können Sie auch mit Trauer, Haß, Verzweiflung, Sorgen usw. umgehen.

Also, ich bin mir sicher, daß Sie nun erkennen können, welche Gefühle Sie "anschalten" müssen und warum.

Es geht hier um die Gefühle, die während der Manifestation nützlich sind. Sollten Sie Schwierigkeiten haben, die Wut, den Frust oder die Trauer „auszuschalten", denken Sie daran, daß es nur für die Zeit der Manifestation oder der Übung der „nützlichen" Gefühle ist. Versprechen Sie den bedürftigen Gefühlen in sich, daß Sie sich nach der Manifestation oder dem Üben gerne um sie kümmern werden. Das schafft Ruhe und Vertrauen in Ihnen.

Wenn Sie beim Üben diese Gefühle jeden Tag den ganzen Tag über wiederholen, werden Sie täglich immer stärker werden und auf ganz natürliche Weise immer erfüllter sein. Ihr Leben ist dann in der Fülle.

Die Mitte finden

Dies ist der Ort, wo wir alles zusammenbringen –
im Herzen. Nun, im Gegensatz zum allgemeinen
Glauben, ist das Herz **nicht** auf der linken Seite
des Körpers. Sie können davon ausgehen, daß
von 1000 gefragten Menschen, 883 die Hand auf
Ihren Magen legen und nur drei werden Ihre
Hand wirklich auf ihr Herz legen.

Ihr Herz befindet sich genau in der Mitte Ihres
Brustkorbes, wie Sie es auf diesem Foto sehen
können.

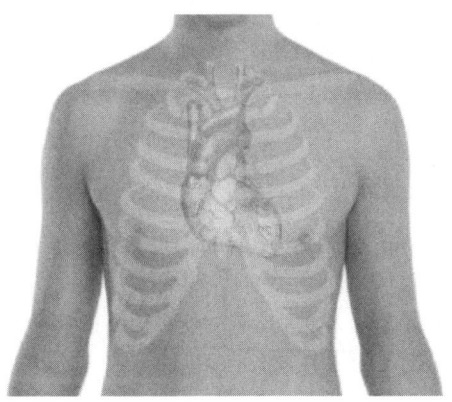

Hierher lassen Sie die Worte aus Ihrem Kopf und
die Gefühle aus Ihrem Bauch zusammenfließen.

Lassen Sie die Worte in Ihr Gefühl und die Gefühle in Ihre Worte fließen, so daß sie sich im Herzen treffen und dort eins werden, um dann, als aus dem Herzen gesprochenes Wort, an das Universum gesendet zu werden.

Das ist die Manifestation.

Ihre (wahrscheinlich) erste, bewußte Manifestation

Halten Sie es einfach und leicht.
Für das Universum sind alle Dinge gleich leicht.
Sie selbst brauchen die Übung!

Zünden Sie Ihre Kerzen an (falls vorhanden). Wenn Sie wünschen, können Sie Ihre Stirn für ein paar Sekunden auf den Boden legen, um die Blutzirkulation in Ihrem Kopf zu erhöhen. Nehmen Sie Ihre bevorzugte Sitzposition ein, schließen Sie die Augen, und legen Sie Ihre Hände zum Mudra der Stille zusammen.

Zunächst visualisieren Sie sehr deutlich den Empfang dessen, was Sie jetzt bestellen – sehen Sie dies vor Ihrem geistigen Auge, so als hielten Sie es bereits in Ihren Händen oder vor Ihren Füssen.

Fühlen Sie die Freude, Glücklichkeit und Dankbarkeit in Ihrem Bauch, daß Sie nun haben, was Sie sich wünschten.

Bringen Sie dieses Bild aus Ihrem Kopf und die Gefühle aus Ihrem Bauch im Herzen zusammen.

> **Aus der Mitte Ihres Herzens sprechend, sagen Sie die Worte, die Sie gewählt haben, <u>drei</u> oder <u>sieben</u> Mal klar und hörbar. Halten Sie das Bild des Empfangens und die zugehörigen Gefühle die ganze Zeit über aufrecht.**

Stehen Sie auf, bedanken Sie sich bei sich selbst, dies getan zu haben und gehen dann Ihren alltäglichen Dingen nach.

Anfangs ist es weise, nur eine Sache zu bestimmen. Wiederholen Sie diese Bestimmung täglich, bis sie erfüllt ist.

Ein wenig später in diesem Buch werden wir mit vielfältigen Manifestationen arbeiten, doch für den Anfang beginnen wir mit nur einer. Bestimmen Sie die gleiche Manifestation jeden einzelnen Tag, und zwar solange, bis sie erfüllt ist.

Die ersten Manifestationen zum Üben könnten so einfach sein:

"Heute erhalte ich eine Tasse Tee gratis."
Normalerweise dauert es bis zu drei Tagen bis dies tatsächlich geschieht. Die schnelle Antwort

baut Ihr Vertrauen auf, und bereitet Sie darauf vor, sehr viel wichtigere Dinge zu empfangen.

Beachten Sie: „**Ich erhalte**...“ als die richtige Formulierung.

„Ich werde erhalten“ würde die Erfahrung, eine Tasse Tee zu wollen bestellen.

Wohlstand manifestieren

Zitat des Heiligen Franz von Assisi:

„Meine ´Lektion´ darin, was einige Armut nennen, ist, wie viele sagten, nicht, daß Armut auf irgendeine Art heilig wäre.

Dies wäre absolut unwahr, denn es würde lehren, daß Leiden Gottes Wille sei, und dem ist nicht so.

Fülle ist Freiheit von Besitztümern – die Erfahrung des Vertrauens in den Willen Gottes. Nur so kann man die Fülle, die Gott uns allen schenkt, sehen und empfangen.

Gib all deine Besitztümer auf – sie sind dein Glaube daran, daß Gott dich betrügen wird. Gib alles allen: Dies sind deine Gaben, die Gott dir gibt, damit auch du geben kannst.

Nur durch Geben kannst du den Frieden kennen und lehren, und nur im absoluten Frieden wirst du wissen, daß du bereits alles hast.

Meine Lektion ist nicht die Armut, sondern ein Wohlstand, der weit größer ist, als dein schüchternes Ego sich jemals vorstellen kann.

Gegrüßt seist du, Sohn Gottes"
Franz

Wohlstand einen „wohlen Stand" im Leben zu haben. Sich wohl zu fühlen, Wohlergehen zu genießen. Das ist Wohlstand oder auch Fülle. Glücklichsein.

Fülle ist der Zustand des natürlichen Gleichgewichts. In diesem natürlichen Gleichgewicht hat jeder das, was er sich wünscht und braucht. So ist das Universum strukturiert.
Dies ist, gemäß den bewiesenen unbegrenzten Möglichkeiten der Quantenfelder, eine wissenschaftliche Tatsache.
Viele in unserer Gesellschaft sind sich über dieses natürliche Gleichgewicht nicht bewußt. Viele denken, sie müssen mit zu wenig zu Recht kommen und können auch nicht mehr haben.
Sei es Geld, ein gemütliches und geborgenes Zuhause Liebe, Freude oder Glück – dies alles sind Ergebnisse von innerer Fülle mit dem Effekt des Wohlergehens.

Geld ist im Grunde nur ein Mittel zum Zweck, nicht die Fülle selbst. Es ist lediglich ein Mittel, wodurch Wert getauscht werden kann.

Wohlstand entsteht aus dem Reichtum, der Fülle Ihres Herzens und Ihrem Willen.

Es ist das universelle Grundrecht eines Jeden ein Leben in **Fülle haben zu dürfen.**

In diesem Kapitel möchte ich Ihnen helfen, sich die Fülle an Geld oder Materie zu manifestieren, die es Ihnen ermöglicht ein wunderbares Leben zu leben. Die nächsten beiden Kapitel handeln dann von erfüllten Beziehungen, einem erfüllten Heim und erfüllter Gesundheit.

Geld und Materie

Beginnen Sie z.B. damit, sich Gedanken zu machen, welches Einkommensniveau Sie für Ihren persönlichen Komfort benötigen. Damit meine ich, das Niveau, bei welchem eine innere Stimme sagt: "Das kann ich schaffen."

Angenommen Sie verfügen aktuell beispielsweise über 1000 Euro monatlich. Schließen Sie die Augen, und versuchen Sie zu visualisieren, daß Sie jeden Monat 1100 Euro erhalten.

Wie fühlt sich das an? Enttäuschend oder platzen Sie vor Freude? Wenn Ihre Reaktion Freude ist, dann sollten Sie mit dieser Summe arbeiten. Wenn es enttäuschend ist, dann versuchen Sie, in für Sie glaubwürdigen Etappen, (z.B. 1150 Euro, dann 1200 Euro, usw.....) zu visualisieren, bis Sie Ihren eigenen „Freudelevel" finden.

Behalten Sie kontinuierlich im Kopf, daß es sich hier um kein Konkurrenzdenken handelt (z.B. "Ich möchte ein größeres Auto als mein Nachbar"), sondern, daß es sich hier um Ihr persönliches Glück und Ihre persönliche Fülle handelt. Diese geht mit Ihrer Herzenseinstellung konform. Genau das zu erhalten, was Sie glücklich macht, ist für Sie perfekt. Was andere auch immer erwerben mögen, es gehört zu deren Lebensweg und hat mit Ihrem absolut nichts zu tun. Sie sind hier, um zu üben, der/diejenige zu sein, der/die **Sie** sein wollen!

Eine weitere Falle, in welche viele hineinfallen, falls sie nicht zuvor aufgeklärt wurden, ist die Verbitterung! Dies ist eines der vielen von den "Kontrolleuren" erschaffenen Werkzeuge, um Sie zu überzeugen, ihnen Ihre Macht zu übertragen. Sie davon zu überzeugen, Andere für Ihren Mangel an Wohlstand zu beschuldigen, hat den einzigen Effekt, daß Sie Ihren Wohlstand und Ihre Macht, darüber bestimmen zu können, ablehnen. Verbitterung ist das, was Ihr Leiden aufrecht-erhalten wird, so wie es beabsichtigt ist.

Bedenken Sie, daß die Fülle nicht von den Bankern kommt, die Ihnen das Geld herausgeben, sondern daß die Fülle, aus der jeder Einzelne auf diesem Planeten schöpft, in der Grundstruktur des Universums bereits erschaffen ist! Ihre Wahl ist es, Fülle für sich selbst anzunehmen oder aber abzulehnen. Da sie ein nützliches Werkzeug bei der Selbstentfaltung und der Stabilisierung des eigenen Selbstwertes ist (sonst wäre sie uns nicht gegeben), ist es in der Regel weise, sie anzunehmen und zu genießen.

Beachten Sie, daß durch die aufgezeichnete Geschichte hinweg Frieden immer Hand in Hand mit Wohlstand und Krieg immer Hand in Hand mit Armut ging. Nehmen Sie Ihren Überfluß an, hilft dies, Krieg und Streit zu vermeiden.

Die Worte
"Ich habe jetzt **mindestens** 1100 (oder wie hoch auch immer Ihre erfreuliche Summe ist) an versteuertem Einkommen in jedem einzelnen Monat."

Die Vision
Sehen Sie, wie Sie das gesamte Geld in den Händen halten vor Ihrem Herzen

Die Gefühle
Freuen Sie sich, und fühlen Sie Dankbarkeit

> **Achtung!!!** Beachten Sie das **mindestens!**
> Würden Sie wirklich die 10 oder 20 Euro extra ablehnen, die das Universum Ihnen schenken möchte?

Wenn Ihnen Ihr erfreuliches Einkommensniveau leicht von der Hand geht, wünschen Sie sicherlich bald, es zu erhöhen. Versuchen Sie dieselbe Übung. Vielleicht gibt es ein neues höheres Niveau für Ihr Glück. In diesem Fall erhöhen Sie einfach die Summe in Ihrem Gebet, visualisieren und fühlen Sie sie.

Denken Sie an den Heiligen Franz, je mehr Sie haben, um so mehr können Sie geben, und es gibt nichts Erfüllenderes, als freizügig zu geben.

Mit der Zeit, wenn Sie immer mit Ihrem erfreulichen Niveau arbeiten, können Sie Ihr Einkommen verdoppeln und mehr. Wenn Sie jedoch zu schnell vorgehen, besteht die Gefahr, daß Sie sich schuldig und verbittert fühlen könnten, statt Wohlstand zu empfinden. Beachten Sie auch, daß Ihre Ziele rein sind und nicht als Mittel zur Bestrafung Anderer gewünscht werden. Beides verschlechtert Ihren Zustand natürlich eher, anstatt ihn zu verbessern.

Wenn Sie für einige Zeit 1000 Euro monatlich erhalten haben, ist der Versuch mit einem Mal auf 5000 Euro zu erhöhen, etwas, was Sie ganz einfach nicht glauben und visualisieren können. Eine zehn- oder zwanzigprozentige Erhöhung des versteuerten Einkommens können Sie leicht visualisieren, da Sie schon wissen, welche Extras Sie sich kaufen würden. Mit einem Mal auf 5000 Euro zu erhöhen, ist evtl. ein zu großer Schritt.

Wichtig ist zu fühlen, was Sie **jetzt** glauben und in Freude und Dankbarkeit fühlen können!
Auch dies ist natürlich individuell. Ihr Gefühl erzählt die Wahrheit!

Es kann bei manchen sein, daß anfänglich keine Änderung eintritt oder sogar die Summe des verfügbaren Geldes tatsächlich weniger wird (so war es auch bei mir)!

Erst in dem Moment, in dem Sie erkennen, daß der größte Teil des Glaubens über Geld, welcher Ihr Leben bestimmt hat, niemals Ihr eigener war, fällt der Widerspruch weg und Ihr Geldzufluß beginnt zu steigen.

Ihre natürlichen Gedanken über Geld sind rein, d.h. sie sind im Einklang mit der Realität, weil Ihr

Geburtszustand eben genau so ist. Die Realität ist stetig schöpfende Fülle, und alle Ihre eigenen Gedanken basieren darauf. Jeglicher Mangel ist als Infiltration zu entlarven und schnellstens aus Ihrem System zu entfernen. Wenn Sie also für einen stärkeren Geldfluß Bestimmen, mobilisieren Sie alle Ihre Gedanken, welche diesen leicht manifestieren können:

„Ich verdiene das Beste"
„Ich bin die Fülle, der Reichtum und das Licht dieser Welt"
„Ich habe immer alles zur Verfügung, was ich zu meinem Glück benötige"
„Das Universum sorgt auf allen Ebenen für mich"

Das sind alles Sätze, die uns helfen, einen neuen Geisteszustand zu kreieren.
Geld hat in sich gar kein Wert!
Wenn Sie weiter machen, kommt irgendwann der Punkt, an dem Ihre eigenen Gedanken, also die reinen und ursprünglichen, so bekräftigt werden, daß sie die Oberhand gewinnen. In diesem Augenblick werden Sie plötzlich erkennen, daß die Gedanken über Geld, mit denen Sie immer gelebt haben, niemals Ihre eigenen Gedanken waren und es nun endlich soweit ist, daß Sie aus

Ihren eigenen Gedanken über das Geld heraus Ihr Leben bestimmen! Ab diesem Punkt sind Sie gänzlich frei, selber über Ihren Wohlstand zu entscheiden.

Es ist sehr effektiv, für die größeren Dinge, die Sie haben wollen (Auto, Haus usw.) direkt zu bestimmen.
Hier ein kleines Beispiel:
Sie bestellen bestimmte Möbel für Ihre Wohnung. Wie wichtig ist es für Sie, daß die Lieferung Ihrer Bestellung über die Autobahn A.5 anstelle der A.6 ausgeführt wird? So absolut unwichtig, daß Sie nicht einmal darüber nachdenken oder? So ist es auch mit dem Geld!

Geld ist lediglich einer der möglichen Wege, über die eine Lieferung ausgeführt werden kann. Warum also den Lieferweg über einen Umweg bestimmen, anstatt die Dinge, die Sie haben möchten, direkt zu bestellen und es dem Universum zu überlassen, auf welchem Wege die „Auslieferung" erfolgt.

Trotzdem ist es immer nützlich, ein bißchen Kleingeld in der Tasche zu haben für "das Sandwich unterwegs".

Manifestieren Sie die größeren Dinge auf direktem Wege und das Taschengeld für die Lebensmittel- und Spontankäufe gleich noch dazu.

Nun, Wohlstand und Überfluß sind nicht wirklich nur Geld, oder? Es geht dabei vielleicht um die Dinge, die Sie mit Geld erwerben können, doch in Wahrheit ist das Geld nur eine Möglichkeit, die materiellen Dinge zu erhalten, die Sie sich wünschen, nicht wahr?

Sie können sie aber auch direkt in Ihr Leben bestimmen!
Wenn das Universum "erkennt", daß der schnellste Weg, Ihren Wunsch zu erfüllen, darin besteht, Ihnen ein Bündel Bargeld zu schicken, warum nicht? Es ist jedoch nicht der einzige Weg. Erben, das Gewünschte geschenkt bekommen, usw. würde auch funktionieren, nicht wahr?

Vielleicht wollen Sie ein Familiendomizil haben, wo Sie in Frieden leben und die meisten Nahrungsmittel selbst anbauen können. Dies zu manifestieren kann sehr verzwickt sein, da Sie viele Dinge definieren müssen – lesen Sie hierzu das Kapitel "Ein neues Zuhause manifestieren" auf Seite 121.

Lassen Sie uns mit etwas Einfacherem beginnen, bis Sie geübter sind.

Wie wär's mit einem Auto? Sie brauchen eine gewisse Vorstellung davon, was Sie haben wollen, doch innerhalb bestimmter Grenzen kann etwas umso schneller geschehen, je weniger Sie es präzisieren.

"Einen brandneuen gelben BMW 720i mit weißen Ledersitzen und allem erhältlichen BMW Zubehör" könnte ein wenig länger dauern, als die Lieferung "**eines guten, zuverlässigen, hellen, komfortablen Familienautos, das weniger als zwei Jahre alt ist, mit weniger als 6 l Verbrauch**."

Beachten Sie in der zweiten Version das "**weniger als zwei Jahre alt**" und nicht "nicht älter als zwei Jahre..."
Der Unterschied liegt darin, daß im Universum die Negationen unserer Sprache nicht existieren und so wird aus "nicht älter als" ein "älter als"!!!

Was auch immer Sie sich für ein Auto wünschen, Ihre Bestimmung **beginnt** mit: "Ich **habe jetzt** einen..." Beachten Sie immer wieder die Formulierung des "ich habe". „Ich möchte" würde wieder beim Möchten bleiben. „Ich besitze" würde andere Möglichkeiten ausschließen, die das Universum für Sie kreieren könnte. **Haben** schließt die Möglichkeit mit ein, das Auto zu besitzen, sowie andere Optionen.

Dies ist mir in der Tat einmal passiert. Ich brauchte schnell ein Auto. Aus bürokratischen Gründen konnte ich in der verfügbaren Zeit nicht einfach eins kaufen. Ich praktizierte meine Manifestation und plötzlich, aus dem Blauen heraus, fragte mich ein Freund, ob ich für drei Monate auf sein Auto aufpassen könne, während er auf eine Pilgerreise nach Indien und Nepal ging.

Am nächsten Tag brachte ich ihn in seinem Auto zum Flughafen und hatte genau das, was ich zuvor bestimmt hatte. Wenn ich das Wort *besitzen* genutzt hätte, dann hätte ich diese Möglichkeit ausgeschlossen.

Das gleiche Prinzip ist für alles andere, was Sie sich in Ihrem Leben manifestieren möchten, anwendbar. Weniger Präzision kann eine schnellere Erfüllung erlauben und Geduld bringt ihre eigenen Belohnungen.

Die Wahl liegt je nach den Umständen wie immer bei Ihnen.

Das "Bettlergesetz"

Obwohl das Betteln schon seit vielen Jahrzehnten institutionalisiert war, haben wir seit ein paar Jahren das Glück Bettler wieder direkt auf den Straßen unserer Städte begegnen zu dürfen.

Diese wunderschönen mutigen Menschen schenken uns die Gelegenheit direkt zu manifestieren. Hierfür ist es wichtig, immer ein paar Ein–Cent-Münzen in Ihrer Tasche zu haben.

Jedem Bettler, dem Sie begegnen geben Sie einen Cent. Während Sie dies tun, sagen Sie „Ich segne Dich in die Fülle". Sehen Sie ihn als einen Engel und fühlen Sie Dankbarkeit. Also, Worte, Vision, Gefühl und Bewegung alles in einer Einheit aus Ihrem Herzen heraus.

Die Münze (Sie dürfen mehr als einen Cent geben, wenn Sie möchten) ist eine direkte Materialisierung der Fülle hier auf Erden. Ihr Segen weckt im Bettler das Gefühl der Fülle. Da Sie die Fülle für ihn als Möglichkeit manifestiert haben, möchte sich die Fülle auch bei Ihnen materialisieren. Das ist ein universelles Gesetz.

Wenn Sie dies täglich und bei **jedem** Bettler üben, manifestieren Sie unausweichlich die Fülle in allen Aspekten Ihres Lebens. Bald fragen alle um sie herum, wieso Sie so glücklich und frei geworden sind. Erzählen Sie ihnen genau wie es geht. Wenn jeder, der den Bettlern begegnet, genau diese Methode anwendet und jedem Bettler mindestens einen Cent mit dem Segen(!) gibt, könnte er binnen sechs Monate ein Haus kaufen! (Rechnen Sie dies bitte selber aus.) Aber auch die Belohnung für Sie ist sehr groß – Ihre ganze Stadt wird in Wohlstand erblühen, weil die Einwohner dieses bestimmt haben.

Das ist die wahre Funktion des Bettlers – Ihren Wohlstand voranzutreiben. Und mit dieser Botschaft ist noch ein Stück verlorengegangenes Wissen wiederbelebt.

Beziehungen manifestieren, ändern oder auflösen

Beziehungen - ein wichtiges Thema, das zu unserem Glück maßgeblich beiträgt!

Eine schwierige, unbefriedigende Beziehung zu erleben, bedeutet klare Einbußen im Glücklichsein, oder? Doch auch in diesem Bereich sind Sie es selbst der/die klar bestimmt.

Zu Beginn betrachten wir drei verschiedene Ausgangspunkte:

1. Sie wollen einen neuen Partner finden, mit dem Sie eine neue Liebesbeziehung eingehen können.

2. Sie wollen eine kaputte Beziehung heilen.

3. Sie wollen eine kaputte Beziehung friedlich beenden.

1. Einen neuen Partner für eine neue Liebesbeziehung finden

Dieser erste Ausgangspunkt ist vielleicht der Schwierigste, da Sie die andere involvierte Person noch nicht kennen.

Und wie ist es, wenn Sie meinen, diese Person schon zu kennen? Diese Person ist Ihnen persönlich bekannt, aber die Beziehung hat nicht die Form, die Sie sich wünschen?
Hier ist eigentlich ein Beispiel von der zweiten Situation. Die Beziehung ist für Sie „kaputt", weil Sie Ihre Wünsche nicht erfüllt. Betrachten Sie dies als eine kaputte Beziehung, und wenden Sie die untengenannte Methodik an. Entweder werden Ihre Wünsche Resonanz finden oder sich auflösen, um den Platz für eine andere Person frei zu machen.

Sie müssen sich sehr klar darüber sein, was Sie wollen.

Sie wissen jedoch sicherlich, daß es unmöglich ist, jedes kleine Detail in Bezug auf eine Person, mit der Sie zusammenkommen möchten, zu definieren. Hier das Gleichgewicht zu finden, kann einiges an Nachdenken erfordern.

Wichtig ist die **Ehrlichkeit** sich selbst gegenüber!
Ich behaupte, daß eine Beziehung etwas ist, bei
dem die meisten Menschen nicht ehrlich sind.
Dies ist einer der Hauptgründe, warum so viele
Beziehungen nicht funktionieren.

Hindernisse

- Beeinflussende Vorstellungen über eine
  Beziehung aus Kirche, Staat, Werbung,
  Romanen, Liebesfilmen, kulturellen
  Erwartungen und anderen Dingen.

  Wir alle wurden so stark in unseren
  Vorstellungen beeinflußt, wie eine
  Beziehung auszusehen hat, daß wir
  regelrecht vergessen haben, selbst zu
  fühlen und uns zu erlauben, was wir uns
  wirklich aus der Tiefe unseres Herzens
  wünschen.

- Weitervererbte Ahnenmuster □ **schauen**
  Sie doch mal, was schon Ihre Eltern oder
  Großeltern für Beziehungsmuster erlebt
  haben.

- Ungeduld und Unmut, daß der ersehnte
  Partner noch nicht da ist.

- Zu vage formulierte Bestimmungen, wie
  z.B.: „Ich habe jede Nacht ein hübsches
  Mädchen in meinem Bett." Dies ist so

"albern" formuliert, daß das, was hieraus entsteht kann, ebenso "albern" sein wird. Normalerweise garantiert es, daß gar nichts geschieht. Hinzu kommt, daß "hübsch" relativ ist, so daß es sich um keine eindeutige Beschreibung für das Universum handelt.

Hier ist Präzision gefragt! Es handelt sich hier nicht um irgendeinen Gegenstand, welchen Sie weiter verschenken oder in den Mülleimer schmeißen können, wenn er ihn nicht mehr gefällt, sondern um einen bestimmten, fühlenden Menschen. Sie wollen ein Partnerschaftsangebot ausdrücken, wodurch Sie versuchen, einen anderen Menschen, der genau Ihre Wünsche erfüllen möchte, anzuziehen.

Stellen Sie sorgfältig die Kriterien zusammen, die Sie sich an Ihrem zukünftigen Partner wünschen.

Welche Größe bevorzugen Sie bei Ihrem Partner?
Was für eine körperliche Statur (schlank, athletisch, korpulent, was auch immer)?
Welche Altersspanne wünschen Sie?
Welche Haut- und Haarfarbe?
Wie riecht er/sie?

Trinkt er/sie Alkohol?

Raucht er/sie?

Ist er/sie Vegetarier/in?

In welchem Beschäftigungsverhältnis steht er/sie?

Wäre er/sie gerne Hausmann/-frau?

Ist er/sie konservativ?

Oder Anhänger/in der New Age-Bewegung?

Was wollen Sie von dieser Beziehung? Eine(n) gelegentliche(n) Liebhaber/in? Einen wahren Freund, einen Lebenspartner, etwas anderes? Usw.

Je präziser Sie formulieren, desto klarer das Ergebnis.

Wenn Sie alles aufschreiben, was Sie wollen, dann werden Sie zum Schluß eine recht lange Liste haben, die alle gewünschten Attribute und Fähigkeiten Ihres(r) "idealen" Partners/Partnerin beschreibt.

Um Wiederholungen zu vermeiden, verweise ich für die genauen Manifestierungsanweisungen auf das nächste Kapitel "Ein neues Zuhause Manifestieren". Hier finden Sie ganz am Ende des Kapitels die Abschlußformel für Ihre Beziehungs-Manifestation auf Seite124.

2. Das Heilen einer kaputten Beziehung

Es ist viel leichter als das vorherige Thema und ich habe sogar eine fertig erstellte Bestimmung für Sie!

"Ich habe jetzt das Wissen, die Weisheit, den Wunsch und die Kraft, alle <u>meine</u> Thematiken in der Beziehung zu .... (vollständigen Namen der Person, um die es geht) **zu transformieren."**

Beachten Sie auch hier wieder:
Alle „**meine**" Thematiken und "**Ich habe jetzt...**"
Die Gesetze für eine funktionierende Manifestation gelten ohne Ausnahme. Sie können nichts für jemand Anderen bestimmen.
Schön wäre es, wenn Sie beide (oder alle Beteiligten) dieselbe Manifestation nutzen, doch auch einer allein wird oftmals schon Wunder bewirken.

Zu den normalen **Freude-**, **Glücks-** und **Dankbarkeit**sgefühlen wird hier noch das Gefühl des **Friedens** hinzugefügt.

3. Das Beenden einer kaputten Beziehung

An diesen dritten Punkt gelangen wir, wenn wir innerhalb einer Beziehung Unstimmigkeiten erlebt haben, versucht haben diese zu beheben und damit erfolglos geblieben sind.

Ich würde empfehlen, vor diesem dritten Punkt den zweiten Punkt zu praktizieren, denn gerade Beziehungen sind es doch, die uns zeigen können, was in uns noch der Klärung bedarf. Der Partner ist sozusagen ein Spiegel dessen, was in uns ist. Er spiegelt mit seinem Verhalten all das wider, was wir in uns selbst tragen.

Ich bin der Meinung, daß wenn wir eine Beziehung verlassen, wird uns innerhalb der nächsten Beziehung sicherlich ein ähnliches Thema, nur in verändertet äußerer Form begegnen, bis wir **unsere** Lektion daraus gelernt haben und dann den Menschen als Spiegel für dieses Thema nicht mehr benötigen. Entweder der Mensch bleibt dann und entwickelt sich weiter mit uns oder die Beziehung löst sich von allein auf, weil das Gegenseitige Interesse oder die gemeinsamen Triggerpunkte fehlen.

Wenn es nun aber wichtig für Sie ist, diese Beziehung zu beenden, weil Sie vielleicht einfach nicht mehr können, dann lesen Sie das folgende:

Die Worte
"Ich lasse nun in Frieden und Dankbarkeit meine Beziehung mit Dir, ... (Name der Person) .... vollständig, auf allen Ebenen los. Ich nehme meins und lasse Dir Deins. Ich bin in Achtung und Respekt vor Deiner Seele."

Die Vision
Stellen Sie sich vor, wie Sie alle Energiebänder, die vor, hinter, links, rechts, über und unter Ihnen von sich zu der anderen Person laufen (oder andersrum) mit einer energetischen Schere durchschneiden. Stellen Sie sich ein Päckchen oder einen Sack vor. Dort packen Sie alles, was Sie für diese Person tragen, alles was nicht zu Ihnen gehört hinein und geben es zurück. Nehmen Sie natürlich auch Ihre Thematiken zu sich! Verneigen Sie sich vor der Seele und dem Herzen dieser Person.

Die Gefühle
Respekt, Vergebung, Dankbarkeit

Eine Beziehung auf diese Weise loszulassen hat schon häufig dazu geführt, daß sie am Ende wieder funktionierte. Seien Sie also auf alle Möglichkeiten vorbereitet ohne etwas zu erwarten.

Ein neues Zuhause manifestieren

Ein neues Zuhause zu manifestieren erfordert eine hohe Aufmerksamkeit und eine klare Fokussierung. Vor allem, wenn mehrere Personen daran beteiligt sind, braucht es nicht nur Ihre Überlegung, sondern auch die Diskussion und das Zusammenspiel aller Beteiligten. Das beste Ergebnis trifft dann ein, wenn alle betroffenen Personen, die zu dem Haushalt gehören, mit ihren Wünschen genau übereinstimmen.

Die Kinder sind hierbei natürlich als absolut gleichwertig anzusehen. Nehmen Sie sich die Zeit, deren Wünsche und Vorstellungen mit in den Plan einzubauen. Dazu gehört es natürlich, auf der Kinderebene genau zu hinterfragen, was hinter den von den Kindern genutzten Worten steht. Ist Ihr Kind zum Sprechen zu klein, so sind es die Wünsche seiner Mutter, welche als Bestimmung aufgenommen werden sollen.

Die wichtigste Voraussetzung ist eine detaillierte Liste, die beschreibt, wie das neue Heim aussehen soll, und in was für einer Umgebung es sich befindet. Je detaillierter diese Liste ist, desto präziser ist die Manifestation und desto leichter kann es erfüllt werden.

Ich habe vor einigen Jahren eine nette kleine Lektion in Sachen Präzision erhalten, als ich für eine neue Wohnung manifestierte. Ich bestimmte unter anderem: ".....mit viel Grün rundherum" und dachte dabei eigentlich an viel Gras, Bäume usw., hatte dies jedoch nicht in meine Vision mit einbezogen.

Drei Tage später (ja, es kann so schnell gehen, wenn man geübt ist) wurde mir eine Wohnung angeboten, die alle anderen Kriterien erfüllte, doch nicht ein einziger Grashalm war zu sehen. Was war stattdessen zu sehen? Das Haus stand an einer Ecke. Drumherum gehörten alle Häuser derselben Genossenschaft. Und? Sie waren alle grün gestrichen!

Es folgen einige orientierende Anhaltspunkte zur Erstellung Ihrer persönlichen Liste:

- Soll es ein Haus sein oder eine Wohnung?
- **Wie viele Zimmer sollen vorhanden sein?**
- **Wie sollen die Zimmer aussehen?** ☐ Beschreiben Sie **diese** und **ihre Ausstattung** in **allen Einzelheiten**.

Manchmal kann eine Familie nicht vollständig in allen Detailfragen übereinkommen, doch Sie werden merken, daß die strittigen Punkte immer bei Kleinigkeiten sind. So bevorzugt der Eine vielleicht eine offene Küche, der Andere aber ein separates Eßzimmer. In diesem Fall können Sie z.B. auf Ihre Liste schreiben: "…**entweder eine offene Küche von mindestens vierzehn Quadratmetern oder eine separate Küche von mindestens neun Quadratmetern und ein Eßzimmer von mindestens 7 Quadratmetern; was für unsere Familie/Gruppe wohltuender ist.**"

- Ein Badezimmer mit oder ohne Fenster?
- In welcher Umgebung soll das neue Heim liegen?
- An welchem Ort genau?
- Wie weit von der nächsten größeren Straße?
- Wie weit von der nächsten Autobahn?
- Welche Lebewesen über Ihnen (Flugzeuge oder natürliche Wesen)?
- Es gibt so viel zu beachten, und Sie sind der/die Schöpfer/in!!!

Wenn Sie Ihre Liste vervollständigt haben, fügen Sie am Ende den Preis hinzu.

Wenn Sie mieten wollen, dann z.B. "**diese(s) Haus/Wohnung kostet höchstens €.......... monatlich."**

Wenn Sie kaufen wollen: "**Ich/wir haben nun in Leichtigkeit dieses Haus für höchstens €.......... gekauft**."

Beachten Sie hierbei das **höchstens**. Manche Häuser kommen als Geschenk und eine andere Formulierung würde dies nicht erlauben.

Art der Anwendung

Wie gehen Sie nun praktisch vor (und wie wenden Sie die Vorgehensweise auf Beziehungen an, falls Sie von Seite 117 direkt an diese Stelle gesprungen sind)?

- Ihre geschriebene Liste liegt immer unter Ihrem Kopfkissen
- Im Falle eines neuen Heims, wenn mehr als nur eine Person involviert ist, hat jeder von Ihnen eine identische Kopie der Liste unter dem eigenen Kopfkissen.

- Jeden Morgen nehmen Sie zu Ihrer Manifestationszeit die Liste heraus und lesen diese laut vor, während Sie sie mit den erforderlichen Gefühlen und Visionen kombinieren und die Worte aus Ihrem Herzen heraus sprechen.

- Bei etwas derart Komplexem ist es sinnvoll, die Liste auch jeden Abend vorzulesen. Wenn alle Beteiligten zur gleichen Zeit mit ihrer Liste bestimmen können, werden die einzelnen Kräfte sich gegenseitig verstärken.

- Wenn Sie eine Beziehung in Ihrem Leben manifestieren möchten, ist die letzte Zeile: "Ich bin nun in einer freudvollen Beziehung mit dieser Person."

- Wenn Sie ein Heim manifestieren wollen, lautet die letzte Zeile:
  „Ich lebe und gedeihe nun in diesem(r) Haus/Wohnung"

- Fühlen Sie dabei Freude, Glücklichkeit und Dankbarkeit - wie gewohnt und geübt.

Heilende Manifestationen

Das Wort *heilen* bedeutet **ganz und wohl** zu machen. In einem Buch über die Anatomie des Glücks ist es natürlich von äußerster Wichtigkeit, daß ich Ihnen Möglichkeiten aufzeige, sich „ganz und wohl" zu fühlen, auch auf der körperlichen Ebene. Denn all das, was an Ihrem körperlichen Zustand heil ist, erleichtert Ihnen den Weg ins Glück.

Auch im Bereich der heilenden Manifestationen gibt es wichtiges zu beachten, welches ich Ihnen in diesem Kapitel vermittle.

Bei der Erteilung von heilenden Manifestationen muß ein besonderes Kriterium berücksichtigt werden, was ausgesprochen wichtig ist in Bezug auf die „mentale Haltung" des Einzelnen während dieser Bestimmung.

Es handelt sich hierbei um einen weitverbreiteten Fehler, dem eine hohe Bedeutung zukommt:

Es ist das Bestätigen des Leidens!

"Ich lasse nun meinen Krebs los"

Dies ist **keine** heilende Bestimmung, denn es bestätigt das Krebsleiden, anstatt das erwünschte Ziel zu bestimmen: Wenn Sie der Energie, die Sie bestimmen, keine Richtung geben, kann sie sich nur im Kreis drehen.

Es folgen nun drei Fallbeispiele, die funktionstüchtig und heilend sind:

1. Fallbeispiel: Tumor an linker Lunge

Lassen Sie uns zum Beispiel sagen, jemand hat einen Tumor in der linken Lunge. Eine erfolgversprechende Bestimmung für diese Person wäre z.B.

"Meine linke Lunge ist nun vollständig rein, gesund und munter."

Das Resultat einer solchen Manifestation wird höchst wahrscheinlich das sein, daß diese Person nicht nur anfangen wird, die den Krebs verursachenden Traumata loszulassen, sondern das Universum wird noch weitere, heilende Unterstützung zur Verfügung stellen.
Festzustellen wird sein, daß sich die Ernährungs- und Bewegungsgewohnheiten dieser Person

verändern, um die Reinigung des Körpers und Geistes zu optimieren.

Diese Art von Manifestation ist in der Lage, unsere Beispielperson wieder neu auf die Wahrheit auszurichten. Die Organe gehen mit dieser Wahrheit in Resonanz. Die Lunge wird eine reine Lunge sein, statt eine „Lunge plus Leiden". Die Gewebe bilden sich um, um der neuen Ordnung zu folgen.

Die Voraussetzung hierfür ist jedoch, daß unsere Beispielperson ihre Lunge als sauber, gesund und lebendig betrachtet und gleichzeitig Freude, Glück und Dankbarkeit für die perfekte Lunge empfindet. Sieht sie sich in strahlender Gesundheit und freut Sie sich darüber, ist das genau der richtige Weg.

Worte allein bewirken fast nichts. Sehen und Fühlen und dies im Herzen zusammenzubringen, das ist die Ganzheit. Es sind immer diese Regeln, die sie zusammenbringen müssen, wenn Sie wollen, daß Ihre Bestimmung funktioniert!

2. Fallbeispiel: Gebrochenes Bein

Eine weitere Beispielperson hat eine Schnittwunde am rechten Bein oder sie hat sich Ihr Bein vielleicht sogar gebrochen, dann sind folgende Worte angemessen:

"Mein rechtes Bein ist jetzt auf allen Ebenen vollständig gesund."

Die Vorstellung und das Gefühl eines völlig gesunden Beins wird alle Ärzte in Erstaunen versetzen, da die Heilung so schnell funktioniert!

3. Fallbeispiel: Gesundheit im Allgemeinen

Ein Beispiel für eine Manifestation Ihrer allgemeinen Gesundheit könnte sich wie folgt anhören:

"Ich bin jetzt vollständig gesund in Körper, Geist und Seele."

Stellen Sie sich vor, wie gut es Ihnen geht, wie sehr Sie in der Freude sind und wie wohl Sie sich fühlen.

Sie werden die Erfahrung machen, daß eine solche Manifestierung viel effektiver sein kann, als jedes Tonikum oder Nahungsergänzungsmittel, denn das Universum wird Ihnen all das offenbaren, was Sie benötigen, um so zu werden, wie sie es bestimmt haben: Gesund auf allen Ebenen Ihres Seins.

Schulmedizin und Geistheilung

Sollten Sie von der schulmedizinischen Seite her bestimmte Diagnosen erhalten haben, so lassen Sie sich nicht entmutigen!
Viele medizinische Fachbegriffe sind häufig mehr furchteinflößend als bedeutungsvoll. Sie hören sich für unsere Ohren fremd und gefährlich an und lassen uns denken, daß wir zuerst studieren müßten, um sie zu verstehen!

Anstatt Patienten über die Ursachen ihres Leidens aufzuklären, geht es in der klassischen Schulmedizin offensichtlich mehr darum, die Krankheit möglichst so weit zu verschleiern, daß die Angst davor noch verstärkt wird. Hiermit besteht die Gefahr der Abhängigkeit des Kranken von der Schulmedizin.

Bei der Geistheilung hingegen liegt das Augenmerk darauf, dem Kranken das Beschwerdebild so zu erklären und näher zu bringen, daß dieser genau nachvollziehen kann, wie und warum er die Krankheit bekommen hat.

Ein(e) Geistheiler(in) versucht, das dem körperlichen Symptom zugrundeliegende geistige Thema zu erfassen und sich diesem auf eine solche Weise anzunehmen, daß die körperliche Ausdrucksform, nämlich das Beschwerdebild, seine Daseinsberechtigung verliert.

Meines Wissens wird der Begriff *Neurodermitis,* z.B. im Zusammenhang mit mindestens 33 verschiedenen Krankheitsursachen verwendet. Auch der Begriff *Fibromyalgie* umfaßt mindestens drei unterschiedliche gesundheitliche Probleme.

Auch wissen die wenigsten Betroffenen, daß der linke und der rechte Brustkrebs komplett unterschiedlicher Herkunft sind und komplett unterschiedliche Lösungen benötigen.

Im Grunde genommen gibt es genau zwölf Krankheiten. Hierfür hat die pharmazeutische

Krankheitsindustrie mehr als 80.000 verschiedene Spezialitäten "gekocht".

Die spezifischen Krankheiten, die ich nachfolgend aufgeführt habe, stehen exemplarisch für verschiedene geistige Ursachen/Themenbereiche.

Die Wahrscheinlichkeit ist groß, daß Sie Ihr persönliches Thema und die Lösung unter einer der Rubriken finden werden, auch wenn Sie es dort nicht vermutet hätten. Es lohnt sich daher, die Inhalte unter allen Krankheitsbildern zu lesen.

Die im Folgenden aufgeführten Beispiele zeigen das Prinzip der Selbst-Heilungsgebete so deutlich, daß Sie bei Krankheiten, die hier nicht aufgelistet sind, mit Sicherheit selbst ein funktionstüchtiges Gebet konstruieren können.

Sollten Sie dennoch Unterstützung brauchen, so finden Sie am Ende des Buches hilfreiche Kontaktadressen auf Seite 239 & 240.

Betrachtungsbeispiele von Krankheitsbildern

Ich möchte Ihnen im Folgenden einige Betrachtungsbeispiele von Krankheiten geben.

In meinem Verständnis gehe ich davon aus, daß jede Form von Gedankenmuster sich in unserem Körper widerspiegelt. Auch die Ernährung trägt eine maßgebliche Rolle, jedoch resultiert auch sie aus unseren Gedankenmustern, bzw. unterstützt bestimmte Gedankenmuster.

Diese Art von Betrachtungsmöglichkeiten ist für diejenigen gedacht, die eine Alternative zur Schulmedizin suchen. Ich mache hiermit keine Heilungsversprechen. Es ist mir lediglich wichtig, Ihnen erweiterte Sichtweisen zu ermöglichen.

Arthritis (hierzu zählen auch Rheuma, Gicht, Arteriosklerose und Osteoporose)

Auf der geistigen Ebene handelt es sich bei Arthritis und den anderen genannten Erkrankungen meistens darum, sich nicht geliebt zu fühlen. Dies äußert sich in starker Kritik an sich und anderen und führt auf Dauer zu einem starken Groll in den Betroffenen. Auf der körperlichen Ebene reagieren die Gelenke, - die im Allgemeinen für Flexibilität stehen - damit, daß sie schwer beweglich werden, sich entzünden oder teilweise sogar zerbrechen. Dieses Gedankenmuster sucht sich eine Art Ventil durch Selbstvergiftung, welche auf übersäuernder Ernährung und dem Mangel von lebendigem Wasser beruht.

Die Worte

„Ich bin jetzt der vollkommene Ausdruck der Liebe. Ich schaue mit den Augen der Liebe auf mich und andere. Ich bin mit mir im Frieden. Ich gehe jetzt in Leichtigkeit in die beste Richtung."

Die Vision

Stellen Sie sich vor, wie die Liebe alle Verhärtungen und Gifte in Ihren Gelenken und Gedankenstrukturen aufweicht, Sie in Frieden und Harmonie mit Ihrer Umgebung sind und in Leichtigkeit umherspringen und tanzen können, in vollkommener Freude!

Die Gefühle

Fühlen Sie die Dankbarkeit und die Freude.

Um den Körper zu entschlacken, ist es wichtig für das zu bestimmen, was Sie darin unterstützt, und zu wissen, was gerade jetzt für Ihren Körper entlastend und gesundheitsfördernd ist. Eine geeignete Bestimmung wäre daher, daß Sie dorthin geführt werden, wo Sie etwas über die für den Menschen geeignete Ernährung, inklusive die Wichtigkeit der richtigen Wasserqualität lernen können. Außerdem soll Ihnen das erforderliche Kleingeld, welches für die kleine Umrüstung Ihres Lebensstils nötig ist, in Leichtigkeit zur Verfügung stehen.

Die Worte
„Ich habe jetzt das nötige Wissen und die nötige Unterstützung über die für mich geeignete Ernährung."

Die Vision
Stellen Sie sich vor, wie Sie unterstützt sind und ganz viele Menschen Ihnen die Hand reichen, sie beraten und beschenken.

Die Gefühle
Fühlen Sie dabei die Freude und Dankbarkeit darüber, diese Unterstützung zu erfahren.

Angina pectoris und andere Herzerkrankungen

Bei der Angina Pectoris, auch Herzanfall genannt, hat der Betroffene Todesangst und Panik. Die Symptome sind einem Herzinfarkt doch sehr ähnlich. Plötzliche Luftnot, ausstrahlende Schmerzen in den linken Arm und in alle Kiefernmuskeln. Diese Symptome führen zu einem so großen Schrecken, daß die meisten Betroffenen Medikamente wählen, um wieder befreit atmen zu können.

Allein schon bei der Betrachtung dieses Geschehens ist die Assoziation mit dem geistigen Thema klar erkennbar. Etwas in der Person scheint sich zusammenzuziehen, zu verkrampfen und sorgt dafür, daß der Mensch das Gefühl hat, nicht mehr richtig durchatmen zu können. Ein großes Bedürfnis nach Sicherheit und dem Wunsch frei atmen zu können, wird durch das Gefühl ersticken zu müssen so stark bedroht, daß die Person sich in einem regelrechten Schockzustand befindet.

Die Worte
„Mein Herz schlägt im Rhythmus der Liebe. Ich höre mir selbst in allen Bereichen sorgfältig zu."

Die Vision

Stellen Sie sich vor, wie Ihr Herz wirklich mit jedem Schlag die Liebe in Ihren Körper schickt und Sie darin baden. Wie in einer Badewanne aus goldenem Licht.

Sie können sich auch einen megagroßen Teddy vorstellen, der Sie im Arm hält und beschützend trägt.

Die Gefühle

Fühlen Sie die Sicherheit, das Vertrauen und Ihre Gegenwärtigkeit in Freude und Dankbarkeit.

Auf der Körperebene findet meist eine Ernährung mit zuviel Eiweiß statt, hierfür können Sie zusätzlich die Bestimmung für geeignete Ernährung sprechen, unter Arthritis zu finden!

Alzheimer - Siehe Parkinson

Asthma

Die Atmung an sich steht für die Fähigkeit, Leben aufnehmen zu können. Wir nehmen Lebensenergie über die Atmung auf und geben verbrauchte Energie wieder ab.

Bei einem Asthma-Anfall hat der Betroffene Schwierigkeiten auszuatmen und kann logischerweise auch nicht wieder einatmen.

Es handelt sich meistens um das Gedankenmuster, keine Lebensberechtigung haben zu dürfen, überflüssig zu sein, keinen eigenen Platz zu haben. Die hierbei angestaute Traurigkeit baut der an Asthma Erkrankte nicht ab. Es kommt zu „ungeweinten" Tränen, die Traurigkeitsgefühle werden festgehalten aus Sorge, man könne Andere damit zu sehr zu belasten.

Dieses Leidensmodell kann z.B. dadurch bedingt sein, daß es sich hier um ein vorgeburtliches Trauma in Form einer ungewollten Schwangerschaft der Mutter handelte. Oder aber andere, in der Kindheit entstandene Ablehnungen des nahen Umfeldes waren Mitauslöser dieses Krankheitsbildes.

Das sog. *Altersasthma* hat große Ähnlichkeiten mit dem normalen Asthma. Es äußert sich darin, daß der Leidende sich als überflüssig, nutzlos und ungewollt vorkommt, z.B. nachdem die Kinder aus dem Haus sind oder der Ehepartner vielleicht plötzlich nicht mehr da ist. Die Menschen, für die der Betroffene sich aufgeopfert hat, sind verschwunden - das macht sein Leben sinnlos, und er reagiert mit Asthma.

Wer zu diesem Thema mehr lesen möchte, findet hier eine wichtige Asthma- Internetseite: www.hsurl.com/asdag

Die Worte
„Ich nehme jetzt mein Leben vollkommen selbst in die Hand. Ich kann all das ausatmen, was auf meiner inneren Freiheit liegt. Ich bin die Gegenwart der bedingungslosen Liebe."

Die Vision
Stellen Sie sich dabei vor, wie Sie sich selbst schützen und in einer Wolke über, unter, vor, hinter, links und rechts von Ihnen aus bedingungsloser Liebe stehen und frei all das ausdrücken können, was Ihnen auf Ihrer Brust lastet. Auch ist die Vision erforderlich, daß alle Menschen mit lächelnden Gesichtern, offenen Augen, Herzen und Händen auf Sie zu kommen.

Die Gefühle

Fühlen Sie die Begeisterung (öffnet und befreit die Lungen), die Freiheit (öffnet den Solarplexus) und die Dankbarkeit.

Borreliose

Dies ist eine angeblich durch Zeckenbisse übertragbare Krankheit. Die wenigsten Menschen wissen jedoch, daß 96% bis 99 % der Personen, die von einer infizierten Zecke gebissen wurden, trotzdem gesund bleiben! Es ist also auch hier wie bei allen Krankheiten ein geistiges Thema nötig, welches das Tor zur Erkenntnis der Ursachen dieser Erkrankung öffnen kann. Das Thema der Borreliose ist meistens das Thema der „Schuld" - sich schuldig zu fühlen, nicht gut genug zu sein, Angst zu haben etwas falsch zu machen.

Im übertragenen Sinne besteht durch diese geistige Haltung erstens leichter die Gefahr, „sich von etwas beißen zu lassen und ausgesaugt zu werden." Zweitens gibt der Betroffene Raum, von etwas „überfallen zu werden", was sich tief in den Organismus einfressen kann. Die Macht und Verantwortung für sich selbst abzugeben und sich hierbei „anfressen" zu lassen, sind die zentralen

Merkmale zur Beschreibung des geistigen Themas dieser Erkrankung.

Die Schwächung unseres Immunsystems mit solchen Gedankenmustern tut sein übriges – das Immunsystem wird ausgeschaltet, da der Parasympathikus, zuständig für Flucht und Spannung so überaktiv ist, daß der Körper nur noch darauf ausgerichtet ist.

Die Streßhormonausschüttung ist dann so groß, daß die Bakterien sich mühelos vermehren können. In meinem E-Buch, „Das Grippemärchen" berichte ich weiter ausführlich davon. www.dasgrippemaerchen.de

Es ist also niemals das Bakterium als solches, sondern es sind die geistigen und folglich auch die körperlichen Zustände, die es dem Bakterium erlauben, randalieren zu können.

Die Worte

„Ich nehme jetzt meine Macht über mein System wieder vollständig an. Alles ist vergeben. Ich bin frei."

Die Vision

Stellen Sie sich vor, daß Sie in einem hochfrequenten, goldenen Licht baden und dieses auch trinken und in ihrem ganzen System verteilen, so daß alle Bakterien sich darin auflösen.

Die Gefühle

Fühlen Sie die Erleichterung, Frieden und Dankbarkeit.

Zusätzlich können Sie sich an einen guten Homöopathen wenden.

<u>Bulimie</u>

Bei der Bulimie stopft der/die Betroffene große Mengen an Nahrung in sich hinein, um sie dann wieder zu erbrechen.
Es gibt hier den unglaublich großen Wunsch nach Fülle, nach Süße, nach „sich genährt" fühlen. Sich überhaupt zu fühlen.

Meistens findet das Hineinstopfen in regelrechten „Freß-Orgien" statt, bei denen die Personen allein, heimlich und zurückgezogen handeln. Zum einen werden unausgesprochene Gefühle hinuntergeschluckt, und das so massiv, daß die großen Mengen nicht verdaut werden können. Etwas in den Betroffenen sehnt sich nach Beruhigung und Liebe. Dieser emotionale Mangel löst zum anderen das Gefühl des Verhungerns in jeder Zelle aus. Die körperbezogene Reaktion hierauf ist die, zu versuchen, die fehlenden Nährstoffe durch wildes "Fressen" zu kompensieren, und damit den Hunger zu stillen. Leider kann jedoch die stoffliche Nahrung - und ist es noch soviel - niemals das Loch stopfen, welches emotional vorhanden ist. Für diese Art von Handlung, die wie eine Sucht ist, haßt sich der/die Betroffene schließlich selbst und verurteilt sich und sein/ihr Verhalten derart, daß er/sie den Mangel an Liebe noch verstärkt.

Der Hintergrund der Bulimie ist häufig auch ein unverarbeitetes Trauma aus der Kindheit. Oft handelt es sich um sexuellen Mißbrauch. Ebenso kann aber auch ein bestimmtes Trostverhalten der Erwachsenen Auslöser dafür gewesen sein, warum der Betroffene nun die Gewohnheit angenommen hat, seine Angst, Trauer und Wut mit einem Bonbon, mit Eis und/oder Schokolade zu füttern. Wie auch immer, die Gründe hierfür sind in der feineren Betrachtung individuell.

Die Worte

„Ich bin vom Leben vollständig genährt und unterstützt. Ich genieße all die Bedürfnisse in mir als ein Lied der Liebe und des Friedens. Alles ist gut."

Die Vision
Stellen Sie sich vor, daß das Leben Ihnen all das schenkt, was Sie sich wünschen. Sehen Sie Ihr bedürftiges inneres Kind, und nehmen Sie es in den Arm. Seien Sie ganz sicher: Sie sind jetzt der/die Verantwortliche für die Bedürfnisse dieses Kindes.

Die Gefühle
Fühlen Sie die Dankbarkeit, den Frieden (das macht den Magen warm) und das Vertrauen.

Depression

Man unterscheidet drei sehr wesentliche, komplett unterschiedliche Ursachen für eine Depression.

Ursache Nr.1
Besteht in einer chronischen Unterernährung in unserer westlichen Welt. Chronische Unterernährung? "Wieso sind wir westlichen Menschen unterernährt?" werden einige von Ihnen sich jetzt sicherlich fragen...

Nun, es gibt viele „leere Füllstoffe", die in unseren Supermärkten verkauft werden. Weißbrot, Zucker, Fleisch, Milchprodukte, Chips, Gen-Gemüse, Konserven etc. – alles Materialien, die weder lebendige Lebensenergie noch ausreichend Nährstoffe enthalten, außer eben Kalorien. Sie lassen uns sogar an Gewicht zunehmen und wir sehen entsprechend „rund und gefüllt" aus, doch unsere Zellen sind leer. Es fehlt jedoch an Lebensenergie und an Vitalstoffen. Unser Hormonsystem kann unter diesen Umständen nicht mehr richtig funktionieren und hört auf, wichtige Botenstoffe, zuständig für z.B. Glücksgefühle (Serotonin), zu bilden. Unter diesen Umständen trübt die Freude des Menschen immer mehr ein. Er wird antriebsarm, müde und ständig wiederholende Gedanken-muster kreisen in ihm und verstärken den freudlosen Zustand.

Ursache Nr.2

Hinzu kommt, daß statistisch gesehen durchschnittlich jede(r) Stadtbewohner(in) alle 2½ Minuten ein Minitrauma erlebt. Minitrauma bedeutet, daß ständig Informationen und Ereignisse um uns herum geschehen, die alle eine Wirkung auf unser System haben und häufig ohne unser direktes Wissen darum kleine Schocks in uns auslösen.

Die Ansammlung von Schlacken im Bauchraum (durch z.B. Fehlernährung) blockiert die Fähigkeit Traumata zu verarbeiten, so daß es zu einer Anhäufung kommt. Die Folge hiervon ist das unaufhörliche Kreisen von Gedanken, ein Zustand des Grübelns über die Vergangenheit, der das Bewältigen des normalen Alltagslebens in vielen Fällen unmöglich macht.

Auch Pharmazeutika können an der Entstehung der o.g. Störungen ursächlich beteiligt sein.

Für die oben beschriebenen Ursachen einer Depression fiel es mir äußerst schwer, eine passende Manifestierung zu kreieren.

Die Fähigkeit in einem verschlackten körperlichen Zustand, die Wahrheit/Reinheit zu spüren, ist selbstverständlich sehr schwierig.

Der richtige Ansatzpunkt ist die Abschaffung der chemischen Fehlernährung. Der automatische Griff in die Regale ist eine Angewohnheit, die schon fast einer Sucht gleichkommt. Einer Sucht nach Stoffen, die tatsächlich süchtig machen.

Selbstverständlich würde die Industrie dies niemals bestätigen, verdient sie sich doch hyperreich mit dem Verkauf von „Müll". Müll, der Informationen im Körper produziert, die unterhalb unseres vollen Potentials liegen.

Die Worte
„Ich entdecke jetzt, wie wunderbar ich bin. Ich genieße mein Sein in jeder Hinsicht.

Die Vision
Sehen Sie sich so, wie Sie sich wünschen zu sein. Ihr Körpergewicht, Ihre Haut, Ihr Gesichtsausdruck strahlt die höchste Form der Freude und Lebendigkeit aus. Stellen Sie sich vor, wie Sie in Leichtigkeit zu den lebendigen, hochwertigen Lebensmitteln greifen und Sie ganz liebevoll von Ihrem Schutzengel oder Ihrer höheren Intelligenz zu den richtigen Einkaufsmöglichkeiten geführt werden.

Die Gefühle
Versuchen Sie sich darauf zu konzentrieren, egal wie schwer es Ihnen fällt, den visualisierten „Wunschfilm" mit innerer Freude und Begeisterung nachzuempfinden. Entwickeln Sie in der Vorstellung Dankbarkeit dafür, daß Sie wunderbar gemacht sind.

Ursache Nr.3

Der dritte Haupt-Grund für eine Depression ist die Verleugnung des eigenen Selbstwerts. Dies kommt zustande, wenn uns ständig eine innere Stimme sagen will, wie schlecht wir doch sind, wie wertlos, daß wir ohnehin immer nur alles falsch machen und sowieso kein Recht haben, Bedürfnisse zu äußern oder Forderungen zu stellen.

Diese Stimme können wir auch den inneren Kritiker nennen, der unser inneres Kind so sehr kritisiert, daß es sich von uns selbst verabschiedet und verkriecht.

Das innere Kind ist zuständig für die Freude, das Spiel, die Kreativität und die Lebendigkeit in uns. Wenn sich der innere Kritiker in uns, meist die unerlöste Stimme unserer Eltern, ständig bemerkbar macht, indem er uns darauf hinweist, wie schlecht es uns doch geht, so wie unsere Eltern tatsächlich häufig mit uns verfahren sind, dann ist der Gedankenkreis einer Depression vorprogrammiert.

Das zutiefst von den Eltern beeinträchtigte Kind glaubt daraufhin tatsächlich, kein Recht auf Wut,

Trauer oder Freude zu haben. Es resigniert und wird hoffnungslos.

Die Worte

„Ich bin jetzt vollkommen wohl und frei. Ich erschaffe mein Leben selbst. Ich bin in Liebe zentriert."

Die Vision

Stellen Sie sich vor, Sie stehen auf einem Hügel und schauen in ein fruchtbares Tal bei strahlender Morgensonne. Begrüßen Sie hier liebevoll Ihr inneres Kind. Hören Sie auf seine Bedürfnisse und die Gefühle, die es Ihnen mitteilen will.

Die Gefühle

Fühlen Sie die Lebendigkeit, die Reinheit und die Zärtlichkeit Ihres inneren Kindes. Fühlen Sie die Freude und die Dankbarkeit.

Hepatitis

Während des Jahres 2009 wurden Unsummen von Geld ausgegeben, Sie davon zu überzeugen, daß jeder von uns in der Gefahr steht, an Hepatitis zu erkranken. Wir müßten uns laut Pharmaindustrie und Medien also unbedingt "impfen" lassen, um auf Nummer sicher zu gehen, uns nicht zu infizieren.

Interessanterweise besteht die Möglichkeit an einer Hepatitis zu erkranken im physischen Sinne überhaupt nicht. Sie werden entweder mit der Anlage für diese Erkrankung geboren oder Sie werden nie jemals an einer Hepatitis erkranken.

Eine Hepatitis kann, ebenso wie eine Borreliose oder auch eine Grippe, niemals von einer anderen Person auf Sie übertragen werden. Das Besondere an der Hepatitis ist, daß es sich nicht um die Unterdrückung der natürlichen Immunität, sondern um eine große Störung der Leberfunktion handelt.
Für weitere Information zu diesem Thema siehe auch mein e-Buch "Das Grippemärchen"   .
www.dasgrippemaerchen.de

Es ist eine gute und lang bekannte Tatsache, daß Belastungen, die im Leben eines Menschen nicht verarbeitet und gelöst werden, sich von Generation zu Generation weiter intensivieren, und zwar so lange, bis ein nicht überlebensfähiger Nachkomme erscheint.

Hepatitis ist genau solch ein Problem. Sie können diese Krankheit niemals in Form eines Virus von Fremden übertragen bekommen, sondern allein in Form einer informationsbedingten Störung, die bereits Ihre Eltern/Großeltern/Urgroßeltern usw. in sich trugen.

Die spezifische informationsbedingte Störung, die eine Hepatitis erzeugen kann, hat folgendes Thema zur Ursache: Lange unterdrückte Frustrationsgefühle, d.h. das bedrückende Lebensmuster, daß alle anderen Menschen mir das Glücklichsein, die Freude und ein erfülltes Leben verbieten wollen.

Die Leber ist der Sitz von Wut und Rage. Genau aus diesem Grund wird Hepatitis immer wieder in Zusammenhang mit unkontrollierten Wutausbrüchen erlebt.

Wenn Sie am Ende Ihrer Ahnenreihe stehen und die ganze Wut, den Frust und den Haß Ihrer Ahnen in sich tragen, dann ist **nun** endlich der Zeitpunkt gekommen, an dem Sie sich und Ihre Ahnen davon befreien dürfen.

Natürlich kennen auch Sie sicherlich das Wut-, und Frustrationsmuster in Ihrem Leben, doch schauen Sie, wie „erhebend" es ist, daß Sie diese

Struktur erkannt haben und nun für alle Beteiligten auflösen dürfen!

Die Lösung ist, diesen hohen emotionalen Druck zu beheben, wodurch eine gesunde Leberfunktion wieder ermöglicht wird.

Die Worte
"Ich bin und erlebe das vollständige, bedingungslose Glück in jedem Moment. Mein Denken ist frei."

Die Vision
Stellen Sie sich vor, Sie befinden sich auf einer strahlend grünen Graswiese. Stellen Sie sich weiter vor, daß heilende Energie in Sie hineinfließt und daß diese alle jene Energien, die von Ihren Ahnen stammen, in Liebe transformiert und bis zu dem Urheber überreicht werden. Sie können zusätzlich mit goldenen Licht-handschuhen diese Ahnenmuster aus Ihrer Leber herausziehen und zusammen mit den Handschuhen zum Ursprung weiterreichen.

Die Gefühle
Fühlen Sie die Freiheit (Solarplexus), Glücklichkeit (Glück ist das Gegenmittel für

Frust) oder Fröhlichkeit (Heilfrequenz der Leber) und natürlich Dankbarkeit.

Impotenz und Frigidität

Was bei Männern als Impotenz bekannt ist, bezeichnet man beim weiblichen Geschlecht als Frigidität.

Neben einer ungeeigneten Ernährung, hat dieses Krankheitsbild mehrere mögliche Ursachen. Auch Erkrankungen des Gehirns können zu Impotenz / Frigidität führen wobei eine Schwermetallvergiftung, beispielsweise durch Quecksilber aus Amalgam-Zahnfüllungen und Aluminium eine Hauptursache darstellen kann.
Desweiteren spielen auch andere Beeinträchtigungen der Psyche eine große Rolle.

Die Sexualität ist eine der stärksten Triebkräfte im Menschen. Bei einem Großteil der Leidenden liegt die Ursache für die Impotenz/Frigidität in den unerfüllten psychischen und emotionalen Erwartungen. Diese resultieren aus der Vergangenheit, z.B. aus Trotz gegen einen vorherigen Partner. Ferner könnte es sein, daß tiefe Ängste vor der Mutter/dem Vater dazu geführt haben.

Letzterer Gedankenzustand läßt sich sehr gut durch eine aufrichtige Manifestation auflösen.

Die Worte
"Mein Leben ist jetzt in allen Aspekten ein voller Genuß."

Die Vision
Stellen Sie sich vor, daß Sie in Frieden mit Ihrer Mutter oder Ihrem Vater sind und auch allen Ihren Partnern vergeben. Sehen Sie dies als ein feierliches Ritual. Stellen Sie sich vor, wie Ihr Geschlechtsorgan hervorragend funktioniert und Ihnen zum schönsten Orgasmus Ihres Lebens verhilft.

Die Gefühle
Fühlen Sie die Begeisterung, Glücklichkeit und Dankbarkeit.

Krebs

Bei Krebs handelt es sich um eine komplexe Thematik, u.a. weil Krebs keinerlei Krankheit ist, sondern eine natürliche Lösung des Körpersystems in Form einer Notentschlackung.

Wenn ein Mensch über Jahre weder eine Grippe noch eine Erkältung hatte, bzw. diese durch Medikamente unterdrückt hat, dann bleibt dem Körper irgendwann nichts anderes mehr übrig, als all die Schlacken in einer bestimmten spezifischen Körperregion zu sammeln, weil die Entsorgung und Ausleitung über die normalen Ausleitungsorgane nicht funktioniert.

Auch geschieht diese Art von Vergiftung, wenn der Mensch über Jahre seine inneren Bedürfnisse ignoriert hat. Dann hilft uns die Körperregion, an der sich der *Krebs* versammelt hat, bei der Themenaufstellung, um zu erfahren, was in diesem Menschen für ungesehene Anteile schlummern und erlöst werden wollen.

Meist verursacht die Unterdrückung unserer Bedürfnisse einen Groll, der einen Selbsthaß hervorruft. Aber auch eine tiefe Trauer mit der Empfindung von Sinnlosigkeit kann den unterdrückten Anteil in Ihnen ausmachen. Es kann sogar zu einer massiven Aggression kommen, die sich durch unterschiedliche Gewächse zeigt. Einen genauen Hinweis, auf was genau diese

Unterdrückung gerichtet ist, zeigt uns das Organ oder die Körperregion. Es ist mehr als logisch, daß sich ein jahrelang versklavtes Bedürfnis, was sich noch nicht einmal über z.B. eine Erkältung ausdrücken durfte, auf Grund eines Faktors, der sich „Leistungsgesellschaft" nennen könnte, einen Weg der aggressivsten Art und Weise bahnen muß, um endlich erkannt und beachtet zu werden.

Erst wenn der Betroffene bereit ist, das geistige Thema zu erfassen, es zu erkennen und zu erlösen, erst dann können sich die Auffälligkeiten der Zellen wieder regulieren, da ja die Notwendigkeit für den körperlichen Ausdruck erlöst ist.

Zusätzlich zur geistigen Erkenntnis ist es dringend nötig, den Körper in seiner Entschlackung zu unterstützen. Ich berichte darüber ausführlich in meinem Buch „Krebs? Na und?" (www.krebsnaund.de). Doch auch hier in diesem Buch möchte ich diesem wichtigen Thema einen Platz einräumen:

Die Schulmedizin greift in ihrer „Therapie" einfach nur die Symptome an und fragt nicht einmal nach den Ursachen! Das erklärt die miserable Erfolgsrate der Heilung sowie die große Angst der Menschheit vor diesem eigentlich kleinen Problem. Sinn und Zweck dieses Buches ist das sich Hinwenden zu dem sichtbaren Problem und dem natürlichen Entschlackungsprozeß, den der Krebs in Wirklichkeit ausmacht. Wir wollen mit dem Körper zusammen arbeiten, anstatt, wie die Schulmedizin es macht, die Notentschlackung zu bombardieren oder zu unterdrücken. Diese Methoden zwingen nämlich den Körper lediglich dazu, neue Notentschlackungsknoten (Tumoren) an anderen Stellen zu bilden (die sog. Metastasen).

Schauen Sie mal: Das Problem, der Tumor, den Sie wahrnehmen, ist in Wahrheit nicht das eigentliche Problem, sondern eine vorübergehende Notlösung Ihres Körpers für das echte ursächliche Problem. Wenn wir dies als willkommene Warnung unseres Körpersystems begrüßen, anstatt diese Notlösung anzugreifen, dann ist das Ergebnis der Heilung zügig in Sicht.

Wo haben Sie den/die Tumor(en)?
In welchem Organ? In welcher Körperregion? Wie weit ist er schon fortgeschritten usw.? Mit diesen Fragen können Sie effektiv arbeiten.

Wenn mehrere Organe betroffen sind, so ist es sinnvoll, eine Manifestation pro Organ zu erteilen, weil jedes Organ eigene, einzigartige Bedürfnisse hat. Ganz wichtig zu wissen ist, daß „paarige" Organe dringend getrennt als rechts und links aufgeführt werden müssen, da die beiden Körperseiten andere Thematiken beinhalten. Linker und rechter Brustkrebs z.B. haben völlig unterschiedliche Ursachen und Lösungen. Auch die Eierstöcke, die Hoden, die Augen, die Ohren und die Nieren sind in zwei einzelnen Bestimmungen zu erlösen.

Die Worte

"Ich verwirkliche jetzt die perfekte Reinheit mein /er ...."
Ersetzten Sie die Punkte mit "meiner Leber", "meiner linken Lunge" meines Blutes", wo auch immer ein Organ oder Körpersystem betroffen ist.

Die Vision

Stellen Sie sich vor, daß alle Unreinheiten und Gifte einfach durch Ihre Haut ausgeschieden werden und sich verflüchtigen. Sehen Sie Ihr Organ, wie es vor Gesundheit strotzt.

Die Gefühle

Fühlen Sie die Erleichterung, die Freiheit, Begeisterung und Dankbarkeit.

Wenn Sie dann bereit sind, den Hinweis Ihrer „Krebserkrankung" als eine spezielle Art Ihrer persönlichen geistigen Führung wahrzunehmen, und wenn Sie darüber hinaus sogar diese Wahrnehmung ausbauen wollen, so könnte eine Manifestation für die **geistige Ebene** die folgende sein:

Die Worte

„Ich bin jetzt bereit zu hören, was mir das .... (Organ/Körperregion) zu sagen hat. Ich fülle jetzt meine Welt mit Freude auf. Ich fülle meine Welt mit Verständnis auf. Ich fülle meine Welt mit Achtung auf. Ich achte alles in mir. Ich begrüße alles in mir. Ich liebe alles in mir. Auf allen Ebenen und Möglichkeiten. So ist es (Amen)!"

Die Vision

Stellen Sie sich vor, wie das Organ/die Körperregion zu Ihnen spricht. Hören Sie, was es Ihnen zu sagen hat, und seien Sie einfach nur anwesend, so als würden Sie einem kleinen Kind zuhören, das erzählt, wie es ihm gerade geht. Stellen Sie sich vor, Sie schauen in die Augen dieses Kindes und hören einfach nur zu. In voller Präsenz und Mitgefühl. Frei von Bewertungen, frei von Verurteilungen. In tiefer Liebe zu dem Vertrauen Ihres lange verlassenen Kindes.

Die Gefühle

Fühlen Sie die Dankbarkeit und die große Liebe für die Geschichte dieses Organs. Das Mitgefühl für die lang bestehende Not. Lassen Sie sich im Herzen berühren!

Morbus Bechterew

Dies ist eine Krankheitsart mit progressiver Verschlechterung.

Klinisch, d.h. symptombezogen betrachtet, beginnt diese Krankheit mit der Versteifung eines Rückenabschnitts. Diese Versteifung breitet sich allmählich über das gesamte Rückgrat und von dort auf alle Gelenksysteme aus.

Selten endet Morbus Bechterew tödlich, jedoch kann jede Bewegung unglaubliche Schmerzen auslösen.

Wenn dieses Problem nur medizinisch betrachtet wird, so breitet sich, wie auch bei vielen schmerzhaften und für unheilbar erklärten Krankheiten, große Hoffnungslosigkeit aus, weil es schulmedizinisch betrachtet, keinerlei Spuren, erkennbare Ursachen und Lösungen gibt.

Es gibt die Theorie, daß Amalgam die Schmerzen verstärken und die Verbreitung beschleunigen kann, doch sind Gifte niemals die Ursache allein (s. Thema Parkinson).

Bei dieser Erkrankung geht es um das Thema Verhärtung und Versteifung.

Etwas in den Betroffenen hat eine Härte angenommen, die sich an der dichtesten Stelle im Körper ansammelt und widerspiegelt – dem Kreuzbein.

Unser Lymphsystem ist dafür zuständig, u.a. emotionalen Druck abzuleiten. Wenn es durch einen starken inneren Kritiker oder ˈauch Kontrolleur daran gehindert wird, dann bleibt diesem Druck nichts anderes übrig, wie in diesem Falle zum Kreuzbein zu wandern. Es ist ein Entlastungsversuch des Körpers, doch beginnen an dieser Stelle die wohlbekannte Entzündung und Verknorpelung, welche die natürliche

Bewegungsfreiheit des Körpers langsam lahm legen.

Zu diesem körperlichen Versteifungs,- und Verhärtungsbild paßt ebenso die geistige Haltung. Es ist charakteristisch für den Betroffenen, daß bei diesem keinerlei Bereitschaft besteht, dieses Thema anzuerkennen. Es gibt ein Weltmißtrauen, welches dazu führt, daß der Betroffene alles in seiner Umgebung unter Kontrolle haben möchte, seine Familie, seine Bekannten, seine Freunde – alle Beteiligten im nahen Umfeld erfahren die Kontrolle und Kommando des Kranken, wenn ihm dies auch nicht immer bewußt ist.

Als Kinder haben die Betroffenen ein Trauma erlebt, wodurch sie einen „überlebens- notwendigen" inneren Kontrolleur erschaffen mußten, da sie sich nie in Sicherheit wiegen konnten. Das betroffene Kind scheint niemals in den Genuß einer inneren Gelassenheit gekommen zu sein, so daß es im Erwachsenenalter nicht fähig ist, die eigene ständige Kontrollausübung wahrzunehmen.

Diese ständige Kontrolle über sich selbst und andere Menschen dient nichts anderem als dem eigenen Selbstschutz. Vermutlich haben sich zusätzlich innere Schutzmechanismen um das Trauma herum gebildet, um das Trauma noch besser zu „verteidigen". Doch machen sie es uns im ersten Moment schwieriger, überhaupt wahrzunehmen, daß ein tiefer Schmerz in uns erlöst werden muß.

Die Worte
"Ich erfahre jetzt meine Gelassenheit, Sicherheit und mein Selbstwissen. Ich lasse los. Ich bin beweglich."

Die Vision
Stellen Sie sich vor, mitten im All zu sein. Fühlen Sie, wie jedes Atom des Universums ein Teil Ihrer selbst ist. Sehen Sie, wie Sie sich in alle Richtungen frei bewegen können und wie der Kontrolleur und die Wächter zurücktreten und Ihnen den schmerzenden Teil des Traumas in Watte gebettet überreichen.

Die Gefühle
Fühlen Sie Erleichterung (endlich frei atmen können) und Dankbarkeit.

Morbus Crohn

Morbus Crohn ist der Gegenpol zum Morbus Bechterew. Anstatt "Sicherheit zu erschaffen" indem alles unter Kontrolle gehalten wird, nimmt sich der Morbus Crohn – Leidende als Opfer wahr.

Opfer zu sein ist ein extremer "Yin"-Zustand.
Hier ist es zwingend erforderlich, zu erklären, was diese häufig mißverstandenen Worte "Yin" und "Yang" tatsächlich bedeuten: „Yin" und „Yang" beschreiben lediglich Energiebewegungen.

Yin bedeutet: nach außen bewegende, zerstreute Energiebewegung.

Yang bedeutet: nach innen kehrende, feste Energiebewegung.

Der menschliche Körper benötigt einen ausgeglichenen Zustand zwischen Yin und Yang. Ein Ungleichgewicht wie z.B. zu viel Yang verursacht physische und geistige Unbeweglichkeit. Zu viel Yin verursacht Gewebeschwächen, Unentschlossenheit und abschweifende Gedanken.

Durch das jahrelange Intensivieren der Yin Energie im Darm bei Morbus Crohn, wird ein Zustand erreicht, bei dem die Elastizität des Darm-Gewebes komplett verlorengeht und "von allein" zerfällt.

Erfahrungsgemäß werden Morbus Crohn Leidende sich sehr Yin-spezifisch ernähren. Dazu gehören viel Zucker, Weißmehl- und Kuhmilch-Produkte. Dies sind genau jene Produkte, die dem Wiederaufbau und der Regeneration der Därme entgegenstehen.

Der seelische Anteil der Erkrankung ist: „Die Vergangenheit schwer loslassen können". Lieber halten die Betroffenen alles in sich zurück, um ja niemandem zur Last zu fallen. Auch fehlt die Bereitschaft, all die „geschluckten" Dinge loszulassen, so daß sie verdaut werden können, d.h. verarbeitet. Bei den zerfallenen Zellen in den Darmgeweben als auch den Ablagerungen an den Darmwänden findet man Reste von alten ungelösten Gedankenmustern und Traumata.

In diesem Zustand macht das Lymphsystem nicht einmal den Versuch, die emotionale Belastung über die Haut auszuscheiden, denn der/die Betroffene hegt den Glauben daran, kein "Recht" darauf zu haben, die Dinge aufzulösen.

Stattdessen wird die ganze Belastung in der Zentralstelle des Lymphsystems –den Därmen-gespeichert. Der klebrige Schlamm der Vergangenheit gärt dann vor sich hin, um schubweise für heftigste, schmerzende Entzündungen zu sorgen.

Sowohl eine komplette Ernährungsumstellung (Deutsche Ernährungsberater unter www.das-grosse-leben.de) als auch das Aufheben des Opferbewußtseins und der unerlösten Vergangenheit sind erforderliche Schritte, um diese Thematik zu lösen.

Die Worte
"Ich stehe jetzt in der Freiheit meiner vollständigen Kraft. Ich verdaue alles in Leichtigkeit. Ich lebe friedlich und freudvoll im Hier und Jetzt."

Die Vision
Sie gehen einen schönen Landweg entlang, um eine Kurve und sehen, wie Ihre ganze spirituelle Familie auf Sie zuläuft, um Sie in den Arm zu nehmen und zu Hause zu begrüßen. Stellen Sie sich vor, wie Ihre Darmwände komplett gereinigt von aller Vergangenheit und allen Schlacken sind. Stellen Sie sich vor, wie gesund und vital Ihre

Darmwände sind, und wie Sie in Leichtigkeit alles verdauen können, was Sie zu sich nehmen.

Die Gefühle

Fühlen Sie Geborgenheit (stärkt das gesamte Verdauungs,- und Stoffwechselsystem), Erleichterung (macht frei von Schuld) und Dankbarkeit.

Multiple Sklerose

Auf der Geistesebene handelt es sich hierbei um ein tiefgreifendes emotionales Problem, welches auf die Dauer große Störungen im Bereich aller Körperfunktionen verursachen kann. Bei den Erfahrungen, die ich persönlich mit Multiple-Sklerose-Kranken machen durfte, liegt bei allen Personen dieselbe Thematik zugrunde, die sich auch im Austausch mit Heiler-Kollegen bestätigt hat:

In der Grundstruktur geht es um das Unterdrücken und Verleugnen der eigenen Nahrungsbedürfnisse und die Ablehnung der eigenen Identität. Damit sind sowohl das physische Essen, wie auch die emotionale Nahrung in Form von z.B. Zuwendung gemeint.

Dies geschah, um die eigene Mutter vor Überlastung zu "schützen".

Es geht hierbei um die innere dramatische Überzeugung: "Wenn ich es erlaube, mir meine existentiellen Bedürfnisse zu erfüllen, dann töte ich meine Mutter! Ich belaste sie mit meinen Bedürfnissen derart stark, daß diese vollkommen überfordert ist."

Aus diesem Glaubensgrundsatz entsteht dann eine mentale Härte, die einer Hartherzigkeit gleichen kann. Dies ist einerseits verständlich, denn wenn ein Kind seine eigenen Bedürfnisse ständig zurückschraubt, muß es eine gewisse Härte entwickeln, um überleben zu können. Doch je härter die mentale Haltung wird, um so mehr zeigen sich im Körper Entzündungsherde. Die Folge eines jeden abheilenden Herdes ist eine zurückbleibende Narbe, die auch „Sklerose" (Vernarbung) genannt wird. Durch die Narben können die elektrischen Impulse nur noch auf Umwegen weitergeleitet werden. Es kommt zu körperlichen Ausfällen. Der Körper macht unmißverständlich auf sich aufmerksam und schlägt regelrecht Alarm, daß er dringend Substanz zum Leben benötigt.

Die höchste Substanz kann, noch vor der Ernährungsproblematik, in Wahrheit nur durch Liebe, Zuwendung und Sicherheit gewonnen werden. In erster Linie geht es darum, das „Kleinkindurteil" zu beheben, weil die erwachsene Person ja inzwischen aus den Kinderschuhen und somit der physischen Abhängigkeit an der Mutter heraus gewachsen ist. Der Betroffene muß sich klar darüber werden, daß, wenn er sich das, was er braucht, selbst erlaubt, er nun keinesfalls mehr seiner Mutter schaden kann. Diese Zeiten sind vorbei.

Die Worte
"Ich nehme jetzt die ganze Fülle dieser Erde zu mir. Ich wähle ausschließlich Gedanken der Liebe und der Freude."

Die Vision
Stellen Sie sich vor, daß Sie auf einer sehr fruchtbaren Erde stehen, auf der alle möglichen Gräser und Pflanzen gedeihen, die sich in voller Fülle und Pracht zeigen. Fühlen Sie, wie diese fruchtbare Erde Nahrung durch Ihre Fußsohlen in Sie hineinfließen läßt und wie gleichzeitig die Sonne das Gleiche von oben tut. Stellen Sie sich die Menschen in Ihrer Umgebung vor, wie sie alle liebevoll mit Ihnen umgehen und Ihnen

Zuwendung und bestes Essen schenken. Sehen Sie Ihren Körper in der höchsten Gesundheit.

Die Gefühle
Fühlen Sie Glücklichkeit, Dankbarkeit, Freiheit und Freude.

Parkinson und Alzheimer

Ich habe diese beiden Symptombilder zusammengelegt, weil der Unterschied zwischen ihnen so minimal ist, daß sie gut in einem gemeinsamen Kapitel zu beschreiben sind. Beide Erkrankungen haben genau dieselben geistigen Ursachen.

Der einzige wesentliche Unterschied ist eine leichte Änderung in der Art des Umgangs mit dem Problem.

Als erstes möchte ich das „materielle" Thema „Quecksilber aus Amalgamfüllungen" ansprechen. Täglich wird immer mehr Menschen bekannt, daß Quecksilber eine beträchtliche Rolle bei einer Fülle von Gehirn und Nervenerkrankungen spielt. An dieser Stelle möchte ich jedoch nachhaltig betonen, daß

Quecksilber niemals die Ursache für die Krankheitsentstehung sein kann.

Fast alle Menschen, die unter diesen Krankheiten leiden, haben Amalgam als Zahnfüllung im Mund. Amalgam enthält das Nervengift Quecksilber.

Da Quecksilber geschmacks- und geruchsneutral ist, es jedoch bei jedem Kauvorgang verdunstet, gelangen die Dämpfe über die Schleimhaut direkt ins Gehirn und ins Rückenmark. Die Gefährlichkeit liegt in der verdampften Form, nicht im materiellen Quecksilber.
Anderseits aber gibt es auch Menschen, die Amalgam im Mund haben und kein Alzheimer oder Parkinson entwickeln.

Quecksilber ist also nicht die Ursache, sondern etwas, das die Symptome verstärken kann.

Es gibt Fälle, bei denen ist das Krankheitsbild nach einer Amalgamentfernung,- und Ausleitung komplett verschwunden. Doch ca. 20% der Betroffenen sind auch nach erfolgreicher Ausleitung mit der Krankheitsthematik noch weiter konfrontiert. Amalgam ist also nicht die Ursache.

Doch nun zu den geistigen Ursachen dieser beiden Krankheitsbilder:

Es geht bei beiden Krankheitsbildern um das Thema: „Die vorhandene Wut durfte die ganze Kindheit hindurch niemals gezeigt, angesprochen oder zum Ausdruck gebracht werden."

Bei der Parkinson–Thematik hat sich das Körpersystem angewöhnt, in den Selbstwiderstand zu gehen. Auf der einen Seite ist da der unglaublich große Wunsch zu schlagen und zu treten, auf der anderen Seite gibt es ein „Programm" in den Betroffenen, die diese zurückhält, gerade das zu tun. Diese widersprüchlichen Befehle in dem Menschen produzieren die wohlbekannte Starre oder das wohlbekannte Schütteln.

Bei der Alzheimer–Thematik hat sich der Leidende angewöhnt, alles, was mit der Wut zu tun hat, einfach zu vergessen. Auf die Dauer verursacht dies den Zustand, in dem so viel "vergessen" werden muß, daß sogar der eigene Name vergessen wird.

Die Lösung ist logisch abzuleiten – es geht darum, das Gefühlsverbot zu beheben.

Die Worte

"Ich liebe jetzt alle meine Gefühle. Es gibt für mich einen guten und leichten Weg dieses Leben zu erfahren."

(Ihre Gefühle zu lieben ist besonders nützlich, weil sie die angenehmste Form der Wutauflösung veranlassen können, nämlich: Lachen! Wenn Sie über Ihre Wut lachen können, dann ist sie schon in Auflösung.)

Die Vision

Stellen Sie sich vor, daß das Eisen- (oder Beton-) "Korsett", welches sich um Ihre Brust befindet, in 1000 Stücke zerspringt, durch die Luft fliegt und über den Horizont verschwindet. Schauen Sie Ihren Gefühlen in die Augen und hören Sie Ihnen zu.

Die Gefühle

Fühlen Sie Erleichterung, Vergebung und Dankbarkeit.

Üben Sie sich hier in Geduld, denn wenn eine Angewohnheit schon so festgefahren ist, braucht es stabiles Üben, um sie wieder aufzulösen und umzuprogrammieren.

Wenn ein Mensch schon so im Vergessen ist, daß er nicht mehr fähig ist, selbst zu bestimmen, dann wenden Sie sich bitte direkt an mich – dies muß individuell geschaut werden.

Rückenschmerzen

Der Rücken steht für die Fähigkeit des aufrechten Ganges, für Halt und Stabilität, aber auch für Flexibilität und Bewegung. Er besteht aus 26 Wirbeln, die alle miteinander verbunden sind und wird von unserem Rückenmark durchzogen, durch welches wiederum unsere Nervenflüssigkeit fließt. Jeder einzelne Wirbel ist ein Thema für sich. Er hat unterschiedliche Auswirkungen auf die Organe oder Körperregionen. Ebenso variieren die geistigen Themen von Wirbel zu Wirbel. Bevor man eine Bestimmung erteilt, sollte man also schauen, welcher Rückenabschnitt bzw. welcher konkrete Wirbel betroffen ist, um mehr über den Grund des Schmerzes zu erfahren.

Grob ausgedrückt, stehen die Halswirbel für geistige Flexibilität, Mut und Kommunikation, die Brustwirbel für die Herzensangelegenheiten, sich z.B. als "gut genug", fähig und gewollt zu fühlen, die Lendenwirbel für irdisch/existentielle Themen wie z.B. Liebe, Partnerschaft, Zuwendung, Unterstützung und das Kreuzbein für Sexualität und Geld.

Ist ein Wirbel verschoben, wirkt sich dies auch auf die anderen Wirbel aus. Auf diese Weise werden auch Sehnen und Muskeln über-beansprucht.
Je nach Ihrem individuellen Themengebiet können Sie sich selbst eine Manifestierung entwerfen. Es könnte folgendermaßen beginnen:

Die Worte
„Ich bin jetzt vom Leben unterstützt und gehalten. Ich bin nach allen Seiten hin flexibel. Meine Wirbel befinden sich alle an korrekter Stelle im Rahmen der göttlichen Struktur der Ordnung.

Die Vision
Stellen Sie sich vor, daß Sie von Engeln umgeben sind, und wie Sie von diesen zu allen Seiten hin gestützt und gehalten werden.
Sehen Sie sich selbst so beweglich wie einen Zirkusartisten.

Die Gefühle

Fühlen Sie, wie Sie sich in Leichtigkeit innerlich aufrichten können. Fühlen Sie auch dazu Freude und Dankbarkeit.

Zusätzlich gibt es noch ein Bewegungsmeditation, denn gehen ist bei Rückenschmerzen oft die beste Medizin!

Bei jedem Schritt, den Sie mit Ihrem rechten Fuß gehen, sagen Sie (laut oder innerlich) **„ich kann"** beim Berühren des Bodens.
Bei jedem Schritt, den Sie mit Ihrem linken Fuß gehen sagen Sie **„ich darf"** beim Berühren des Bodens.

Dabei stellen Sie sich vor, wie bei jedem Schritt belebende Energie von der Erde, in den Fuß und durch den ganzen Körper bis zum Ende Ihres Kopfes fließt.

Hierbei fühlen Sie Begeisterung und Dankbarkeit.

<u>Schlaflosigkeit</u>

Auch dieses Thema kann ganz unterschiedlicher Herkunft sein.

Elektrosmog ist möglicherweise die häufigste Ursache. Dafür ist eine technische Lösung so gut wie unumgänglich, siehe hierzu z.B. www.stern.esmog.getinharmony.com .

Um noch ein Beispiel zu nennen: Es kann selbstverständlich organisch bedingt sein, daß ein Mensch unter Schlaflosigkeit leidet. Die Palette der Ursachen ist hier sehr breitgefächert. Sie reicht von Gehirnerkrankungen über hormonelle Störungen oder kann z.B. auch durch eine Herzinsuffizienz verursacht sein, die dazu führt, daß die betroffene Person nachts häufig zur Toilette muß, und somit am Schlaf gehindert wird.

Bei den Menschen, bei denen organisch alles abgeklärt ist, die labortechnisch gesund sind, und die trotzdem nachts im Bett liegen und sich hin und her wälzen, kann man davon ausgehen, daß diese sich vermutlich große Sorgen um etwas machen, was sie nicht schlafen läßt. Vielleicht hört derjenige einfach nicht auf zu denken, weil er das Vertrauen ins Leben verloren hat.

Die Worte

„Ich bin im Vertrauen mit dem Prozeß des Lebens. Ich genieße jede Nacht die komplette Ruhe".

Die Vision

Stellen Sie sich vor, wie Sie wunderbar eingekuschelt in Ihrem Bett liegen und wie Sie Ihrem Schutzengel all das übergeben, was Sie glauben, ständig denken zu müssen. Hüllen Sie sich und Ihr Bett in eine goldene Energie, in die nur Liebe strömen kann.

Die Gefühle

Fühlen Sie Frieden und Dankbarkeit.

Schlaganfall

Beim Schlaganfall handelt es sich um das Platzen eines Gefäßes oder um eine Hirnblutung.

Meistens tritt der Schlaganfall plötzlich auf, ohne Vorwarnung. Der Betroffene hat danach oft mit Einschränkungen im Bereich des Sehens, der Sprache und im Bereich der Motorik zu kämpfen. Eine Folge der zahlreichen Einschränkungen ist, je nach Schweregrad, die Halbseitenlähmung.

Was muß passieren, damit so ein dramatisches Krankheitsbild überhaupt zustande kommt?

Meistens herrscht bei den Betroffenen die Vorstellung, daß die Vergangenheit viel besser war als das Jetzt. "Heutzutage ist alles so schlimm..." und "Ach wie schön war es doch früher..." scheint es sich ständig in den Gedanken zu wiederholen. Der Kranke lebt in seiner Gedankenwelt viel zu sehr in der Vergangenheit. Dazu kommt eine extrem mangelhafte Ernährungsweise, die viele Kuhmilchprodukte, unvorteilhafte Eiweiße und Fette enthalten kann und die dafür sorgt, daß das Körpergewebe so schwach wird, daß es dem Druck im Gehirn nicht mehr standhalten kann. Die Blutgefäße platzen dann, was wir als Schlaganfall bezeichnen.

Charakteristisch für die Betroffenen ist, daß diese sich häufig weigern bei Veränderungen im Leben mitzugehen. Lieber sind sie bereit, sich innerlich selbst zu lähmen, d.h. aus dem Leben zu scheiden, aber eben nur zur Hälfte. Wichtig ist es, sich diesen Teil anzuschauen und liebevoll zu integrieren. Außerdem ist es nötig, die Ernährung auf eine vitalreiche, frische Kost umzustellen.

Die rechte Seite Ihres Körpers wird hauptsächlich durch den sog. „männlich" betonten Aspekt Ihres Daseins bestimmt, d.h. das Bestimmende, das Kreierende/Schöpferische, das Intellektuelle und das nach außen Reichende. Auch ungelöste Probleme in Ihrer Vaterbeziehung und/oder in Ihrer eigenen Beziehung zu Ihrer eigenen „Männlichkeit" werden sich eher in der rechten Seite Ihres Körpers ausdrücken.

Die linke Seite Ihres Körpers wird hauptsächlich durch den sog. „weiblich" betonten Aspekt Ihres Daseins bestimmt, d.h. das Annehmende, Fürsorgliche, Umhüllende, das Heilende, das Intuitive-/Künstlerische, und das Haltende. Auch ungelöste Probleme in Ihrer Mutterbeziehung und/oder in Ihrer eigenen Beziehung zu Ihrer eigenen „Weiblichkeit" werden sich eher in der linken Seite Ihres Körpers ausdrücken.

Die Worte
„Ich lasse jetzt die Vergangenheit in Dankbarkeit völlig los. Ich bin die Kraft der Schöpfung. Mit all meinen göttlichen Fähigkeiten mache ich jetzt mein Leben zu einem völligen Genuß für mich selbst."

Die Vision
Stellen Sie sich vor, daß alle Ihre Engel Stück für Stück all das, was Sie belastet hat, anpacken, von Ihnen entfernen und restlos entsorgen.

Die Gefühle
Fühlen Sie Erleichterung, Begeisterung, Fröhlichkeit und Dankbarkeit.

Schuppenflechte

Obwohl den größten Anteil an der Ursache für diese Hautkrankheit der Verzehr von Kuhmilch und Produkten wie Käse, Butter, Yoghurt, Sahne, Quark usw. darstellt, besteht ebenso ein starker emotioneller Aspekt bei sehr vielen der Leidenden. Eine starke Prägung in der Kindheit, die ausschlaggebend dafür war, daß auf den Erkrankten das Problem projiziert wurde, bestimmte Körperteile an sich selbst abzulehnen, kann bei sehr sensiblen Menschen dazu führen, daß sie ihre eigene Haut „ablehnen".

Die Haut als solche wird über das Herzchakra integriert. Bei manchen dieser Menschen lastet eine sehr große Angst auf dem Herzen, gesehen zu werden. Dies wirkt sich auf das Herzchakra dergestalt aus, daß es versucht, die Haut so zu „verkleiden" daß diese sich nicht in ihrer natürlichen Form zeigt. In vielen Fällen kann ein zwei wöchiger FKK-Urlaub diese Angst und die damit verbundene Schuppenflechte komplett auflösen. Der Vorschlag funktioniert jedoch nicht bei allen Menschen.

Eine Vorgehensweise, die für jeden Erkrankten definitiv Erfolg bringt, ist, alle Spuren von Kuhmilch aus der Ernährung zu entfernen und die folgende Manifestierung möglichst täglich anzuwenden (bei dieser Bestimmung kann es durchaus nützlich sein, ganz nackt zu sein):

Die Worte
„Ich kehre jetzt zum SEIN, des perfekten Abbildes Gottes, zurück."

Die Vision
Bemerken Sie, wie Ihre Haut die immer wiederkehrenden neuen und frischen Düfte des Frühlings trägt. Sehen Sie, wie alle diejenigen, die Sie wirklich lieben, mit strahlender Freude auf Sie zu rennen, weil sie Sie endlich erkennen können.

Die Gefühle
Dankbarkeit, Begeisterung und Frieden.

Auf der körperlichen Ebene bzgl. Ernährung gilt dasselbe wie beim Thema Arthritis.

Unfruchtbarkeit

Dieses Thema betrifft nicht nur Frauen sondern heutzutage immer mehr auch Männer. Aus meiner Erfahrung heraus sind ursächlich zwei Hauptkriterien die potentiellen Auslöser der Erkrankung. Zum Ersten die Ernährung (hier spielt auch die Wasserqualität eine große Rolle) - also der Körper und zum Zweiten die umfassenden Energiestrukturen: Sind Ihre Lebensumstände dafür passend, eine neue Seele auf der Erde willkommen zu heißen? Ist es wirklich Ihr Wunsch, ein Kind gebären zu wollen oder fühlen Sie sich gezwungen, die Erwartungen der Anderen diesbezüglich zu erfüllen?

1. Ernährungsprobleme

Das Ernährungsproblem betrifft sowohl Männer als auch Frauen. Es wirkt sich bei Frauen wie folgt aus: Durch die in der westlichen Welt dominierenden Nahrungsmittel, die durch chemische Prozesse verändert wurden, wie z.B. raffinierter Zucker oder auch raffiniertes Salz und ein Zuviel an tierischen Eiweißen (insbesondere Produkte aus Kuhmilch, wie z.B. Käse, Quark, Sahne usw.), kann es bei Frauen zu einem Überwachstum der Gebärmutterschleimhaut kommen, sowie einer Verklebung der Eileiter. Ein

Ei kann sich in beiden Fällen einfach nicht einnisten. Ich empfehle wirklich als erste Maßnahme eine Ernährungsumstellung, um den Körper zu entlasten.

Dazu gehört ebenfalls, mental mit dem Unterleib in Kontakt zu treten und dabei zu wissen und zu würdigen, daß die Gebärmutter der „Sitz der Schöpferkraft allen Lebens" ist. Gibt es eine Stimme in Ihnen, die sich „das freie Schöpfen" im Alltag verbietet? Die meisten der Betroffenen werden diese Frage mit einem „Ja" beantworten können, denn in unserer Leistungsgesellschaft kommt die Kreativität in den meisten Fällen zu kurz und kann ebenso eine körperliche Veränderung hervorrufen.

Eine geeignete Manifestation für Frauen hierfür könnte sein:

Die Worte
„Ich bin die Kraft der Schöpfung. Meine Gebärmutter ist vollkommen und gesund. Ich bin fruchtbar."

Die Vision
Stellen Sie sich vor, wie in Ihrer Gebärmutter eine Explosion von Regenbogenfarben und bunten

Lichtern stattfindet, die wiederum Ihre Eierstöcke und Eileiter so freilegt, daß sie völlig durchlässig sind.

Die Gefühle
Fühlen Sie Dankbarkeit, Freude und Begeisterung („Ich schaffe es!").

Eine geeignete Manifestation für Männer hierfür könnte sein:

Die Worte
„Ich habe jetzt all das Wissen, was ich brauche, um meinen Kinderwunsch zu klären. Ich bin fruchtbar."

Die Vision
Stellen Sie sich vor, wie Sie ein Päckchen oder ein goldenes Buch überreicht bekommen, in dem alle Informationen enthalten sind, die Sie für die Auflösung Ihrer Frage („Warum bin ich unfruchtbar?") benötigen. Sehen Sie Ihre Spermien als vollkommen vital und fruchtbar.

Die Gefühle
Fühlen Sie Freude und Dankbarkeit.

2. Wasserverunreinigung

Zusätzlich zur Ernährungsproblematik kommt hinzu, daß unser heutiges Leitungswasser so viele Hormone, sprich Östrogene enthält, die, verursacht durch die Verhütungsmaßnahme „Pille", seit ca. Mitte der 60er Jahre über den Urin der betreffenden Frauen ins Grundwasser gelangen und von unseren Klärwerken nicht herausgefiltert werden können. Ebenso sind künstliche Hormone auch in Plastikflaschen enthalten, die in die Getränke übergehen. Bei Männern führen diese Kriterien zu einer „Verweiblichung" des Organismus und einer Veränderung der Samenqualität. Beide Aspekte sind auch Frauen abträglich.

Es gibt noch verschiedene andere Ernährungsaspekte, die im Hinblick auf Unfruchtbarkeit eine Rolle spielen. Wer mehr hierzu wissen will, den lade ich ein, mich zu kontaktieren damit ich individuell „schauen" kann, welches Problem vorherrschend ist.

Für ein Paar oder auch eine Einzelperson gibt es noch die alles entscheidende Frage: Will sich denn überhaupt eine Seele bei Ihnen inkarnieren? Welche Geschichte verbindet Sie mit dieser Seele? Steht in Ihrem persönlichen Seelenplan evtl. eine

Entscheidung, in diesem Leben kinderlos zu bleiben?

Es ist so vielschichtig auf dieser Ebene "zu schauen", daß dies den Rahmen dieses Buches sprengen würde.

Verstopfung

Bei der Verstopfung wird verbrauchte, schon verarbeitete Nahrung im Darm zurückgehalten. Begründungen hierfür liegen z.B. in der Nahrungszufuhr, in zu wenig Bewegung, in der Einnahme von Medikamenten, einem Mangel an Enzymen und häufig auch in schlechten Trinkgewohnheiten, d.h. zu wenig Flüssigkeitszufuhr. Andere Gründe lassen sich auch hier im emotionalen Bereich finden.

Gibt es etwas in Ihnen, was nicht loslassen möchte und was Vergangenes festhält? Ein Teil in Ihnen, der glaubt, daß Sie etwas festhalten müssen, um es nicht zu verlieren? Existiert Ihrerseits die Erwartung des Mangels, d.h. ggf. „zu kurz zu kommen"?

Die Worte
„Die Gegenwart erfüllt mich in jedem Augenblick. Es ist immer genug für mich da."

Die Vision
Stellen Sie sich vor, daß Ihre Wirbelsäule lang und gerade gezogen ist und Sie ein Lächeln im Gesicht haben und ständig Geschenke überreicht bekommen, die ein wahrer Genuß für Sie sind.

Die Gefühle
Fühlen Sie Freude, Erleichterung und Dankbarkeit.

Mehrfach-Manifestationen

Mehrfach-Manifestationen sind mehrere unterschiedliche Bestimmungen, die für unterschiedliche Aspekte des Lebens gegeben werden.

Dies zu tun, erfordert Übung und Wissen. Das Üben kann nur durch Sie selbst geschehen. Das Wissen, wie Sie vorzugehen haben, gebe ich Ihnen!

Wichtig ist, daß Sie sich ganz sicher bei einer einzelnen Manifestation sind. Das kann von der besagten Teetasse bis hin zum Auto reichen. Probieren Sie Ihre Fähigkeiten aus. Achten Sie vor allem auf die Präzision. Diese fällt uns meistens am schwersten, aber mit Ihrer Liste sehen Sie sicher selbst, was Sie noch benötigen, um die Vollkommenheit zu erreichen. Tägliche Übung bringt Sie stetig voran. Übung ist Training und Training macht fit.

Praktizieren Sie jeden Tag einfache Manifestierungen und zwar so lange, bis sie manifestiert sind, und dann gehen Sie zur nächsten über.

Lassen Sie sich Zeit - die Unendlichkeit ist endlos.

Es kann ein, zwei, drei, vier Monate bis zu einem Jahr mit einfache Manifestationen benötigen, bevor Sie Mehrfach -Manifestationen ausprobieren - Sie sehen es an den Ergebnissen, wann Ihre persönliche Reife erlangt ist, einen Schritt weiterzugehen. Manche Menschen sind vielleicht in der Lage, bereits nach zwei Wochen einen Schritt weiterzugehen - es ist ganz individuell. Erst, wenn Sie leicht und präzise manifestieren können, und die Ergebnisse für sich sprechen, ist es an der Zeit, mehrfache Manifestationen zu praktizieren, falls Sie dies möchten.

Der Trick hierbei ist, eine Bestimmung von dem anderen physisch und mental zu trennen.

Dies wird am leichtesten mit einem kleinen Ritual erreicht. Es zieht Ihren Fokus von der gerade beendeten Manifestation ab, und macht Sie für den neuen Fokus bereit.

Beenden Sie Ihre Manifestation in der üblichen Weise, indem Sie aufstehen und sich wegbewegen. Anstatt wegzugehen, laufen Sie dreimal um Ihren Stuhl, Ihr Kissen oder Ihren

Sitzplatz herum. Wenn Sie männlichen Geschlechts sind, gehen Sie gegen den Uhrzeigersinn, Frauen gehen im Uhrzeigersinn. Dann setzen Sie sich wieder, nehmen Ihre Körperhaltung und das Mudra ein und beginnen die nächste Bestimmung.

Üben Sie für eine Weile mit zwei Manifestationen. Wenn beide Manifestationen einfach und schnell manifestiert sind, dann können Sie in derselben Weise eine weitere hinzufügen. Der Trick bleibt, die Manifestationen immer mental und emotional voneinander zu trennen. Wenn Sie sie miteinander vermischen, besteht die Gefahr von Chaos.

Sich selbst abkapseln

Es gibt Umstände, unter welchen Bestimmungen äußerst nützlich sein können, die notwendige Stille jedoch nicht vorhanden ist. Wenn Sie regelmäßig an Ihrem ruhigen Ort geübt haben, ist dies eine weitere interessante Herausforderung.

Egal wo Sie sich gerade befinden, finden Sie auch dort den besten Ort zum Manifestieren heraus. Setzen Sie sich an diesem Ort ruhig und gelassen hin, schließen die Augen und zentrieren Sie sich. Stellen Sie sich vor, daß Sie unsichtbar sind.

Wenn Sie sich dessen sicher sind, stellen Sie sich vor, daß Sie an Ihrem Übungsplatz sind. Fühlen Sie, daß nur Sie dort sind, ganz allein und in vollkommener Sicherheit.

Während Sie die Verbindung zu Ihrem Übungsplatz halten, stellen Sie sich vor, um Sie herum ist ein weißes, eiförmiges Energiefeld und mitten drin sind Sie. Vollkommen unantastbar und umhüllt.

Wenn um Sie herum viel unruhige, emotionale Energie herrscht, wie beispielsweise Drogen- oder

Alkoholenergie, stellen Sie sich das Ei grasgrün mit einer Silber - Lila Außenschicht vor.

An diesem Punkt lassen Sie die Gefühle aufsteigen und sprechen Ihre Manifestation aus. Wenn möglich, legen Sie Ihre Hände zum Mudra der Stille zusammen, doch wenn dies Aufmerksamkeit auf Sie ziehen würde, lassen Sie Ihre Hände in den Taschen oder auf Ihrem Schoß liegen und stellen Sie sich einfach vor, daß Sie das Mudra der Stille machen. Flüstern Sie Ihre Worte so laut, daß Sie sie selbst hören können.

Dies gelingt Ihnen mit regelmäßiger Praxis leicht, und es ist zu empfehlen, daß Sie weiterhin Ihre Morgenbestimmung so ausüben, daß eine klare Resonanz mit Ihrem ruhigen Übungsplatz hergestellt und aufrechterhalten wird. Wenn Sie möchten, können Sie die Zusatztechnik der Visualisierung nutzen.
In jedem Fall sind die Verbindung zu Ihrem persönlichen Übungsplatz und das Einhüllen in das Energie - Ei die wichtigsten Komponenten für das effektive Manifestieren an einem unruhigen oder ungewohnten Ort.

Die Gesetze des Manifestierens

Es wurden einfach Sätze aus den Schriften entfernt, die den Menschen erklärten, wie das Manifestieren funktioniert.

In der veränderten Bibelfassung z.B., die wir seit dem Konzil von Konstantinopel hatten, wurden das zweite und dritte der vier Gesetze des Manifestierens entfernt, so daß keine funktionsfähigen Bestimmungen mehr verfaßt werden konnten.

Diese hier folgenden Sätze, wurden dem Thomas-Evangelium entnommen, das in der Nag Hammadi Bibliothek gefunden wurde:

Ich gebe die Sätze bezüglich einer Manifestierung wieder und werde im Folgenden die Bedeutung der einzelnen Sätze definieren. Anschließend verweise ich auf eine weitere Möglichkeit der Auslegung, indem ich Ihnen biblisch verschlüsselte Sprache aufschlüssele.

1. Was Du vom Vater erbetest in meinem Namen, wird er dir geben.

2. Bete ohne verstecktes Urteil, und sei von der Antwort umgeben.

3. Sei umhüllt von dem, was du erbetest, und laß deine Freude vollkommen sein.

4. Bisher habet ihr nichts in meinem Namen erbeten.

Das erste Gesetz

"Was Du vom Vater erbetest in meinem Namen, wird er dir geben."

Das erste Gesetz ist vielleicht das, welches am schwierigsten zu verstehen ist.

Es gibt hier eine Vielzahl möglicher Übersetzungsfehler; der erste ist **Vater**. Näher am Original wäre der **Schöpfer**, welches dann auch die maskuline Ausrichtung aufhebt.

Was bedeutet **in meinem Namen**? Selbst im Altdeutschen, in dem es geschrieben steht, macht es keinen Sinn, und man wundert sich, was der Übersetzer meint, und warum dieser Text so dort steht.

Was es sicherlich nicht bedeuten kann, ist das, was die Kirche behauptet, nämlich, daß man **Jesus** Namen lediglich auszusprechen braucht und dann alles erhält, was man möchte.

In meinem Namen macht keinen Sinn, wie auch immer wir es betrachten.
Den Namen verinnerlichend bekommt eine ganz andere Schwingung!
Was bedeutet das genau? Es bedeutet, **sich selbst vollständig mit dem Schöpfer zu identifizieren** – mit der Quelle der göttlichen Kraft.

Das erste Gesetz weist Sie an anzuerkennen, daß Ihre Identität und die des Schöpfers eins sind!!!

Das zweite Gesetz

"Bete ohne verstecktes Urteil, und sei von der Antwort umgeben."

Das zweite Gesetz ist viel einfacher zu verstehen, jedoch nicht zwangsläufig leichter zu praktizieren.

Wir alle neigen dazu, abhängig zu sein von unserem eigenen Urteil. Es kann einiger Übung bedürfen, eine Bestimmung ohne irgendein Urteil zu sprechen. Frei zu sein von den hinderlichen Gefühlen, d.h. außer denen der Dankbarkeit, des Glücks und der Freude.

Das zweite Gesetz weist Sie an, das was Sie bestimmen, als schon erfüllt zu betrachten.

Das dritte Gesetz

„Sei umhüllt von dem, was du erbetest, und laß deine Freude vollkommen sein."

Das dritte Gesetz weist Sie an, die Freude, die Glücklichkeit und die Dankbarkeit über die Erfüllung der Manifestation zu fühlen. Dies verleiht der Bestimmung Kraft.

Das vierte Gesetz

"Bisher habet ihr nichts in meinem Namen erbeten."

Das vierte Gesetz ist sehr besonders, denn es scheint keine Anweisung zu sein, eher ein Kommentar zu nicht effektiven Bestimmungen. Dennoch ist es eine Anweisung. Die hier ausgedrückte Anweisung meint, alle anderen Konzepte, die Ihnen über das Manifestieren beigebracht wurden und die nicht funktionieren, fallen zu lassen.

Das vierte Gesetz weist Sie an, nur die Struktur zu benutzen, welche mit der vollständigen Identifikation Ihrer selbst mit Gott einhergeht, und somit den Zugang zur göttlichen Kraft verschafft!

Manifestationen für die Welt

Sie tragen in sich das Wissen um den vollkommenen Frieden, die vollkommene Freude und die vollkommene Harmonie.

Dieses Wissen existiert nicht nur in jedem von uns, sondern auch in den uns umgebenden und alles durchdringenden Quantenfeldern.

Jeder Einzelne kann Zugang zu diesem Wissen erlangen und beginnen, es zu manifestieren.
Nur eine Handvoll Menschen, die dies in jeder Stadt für sich bestimmen, würden Krieg, Armut, jeglichem Mangel, Machthunger, Habgier usw. ein Ende setzen. Es ist die ultimative Bestimmung, die das goldene Zeitalter mit Freude begrüßt.

Es sind nur sechs sehr einfache Worte mit extrem hoher Wirkung. Und zwar diese:

Die Worte
"Ich bin das Licht der Welt"

Die Vision

Sehen Sie sich selbst als einen strahlenden Lichtkanal! Aus Ihrem Herzen strahlt vor und hinter Ihnen ein golden weißes Licht. Dieses Licht fließt auch direkt aus dem Herzen nach oben durch Ihre Schädeldecke zur Ur–Quelle des Lichts und der höchsten Intelligenz. Ebenso fließt das Licht aus Ihrem Herzen aus dem unteren Teil Ihrer Wirbelsäule direkt zum Erdmittelpunkt, dem Herzen von Mutter Erde. Sehen Sie, wie Sie in Glorie und Glückseligkeit gebadet sind.

Die Gefühle

Freude, Anmut und Dankbarkeit.

Wenn Sie dies alles aus Ihrem ganzen Sein heraus aufsteigen lassen, werden Sie "das Licht der Welt" manifestieren. Allein durch Ihre persönliche Anwesenheit werden Sie andere zu Frieden und Wohlstand geleiten.

Beispiel-Manifestationen, um die Welt zu verändern

In den 1990er-Jahren wurden von einer amerikanischen Universität einige sehr interessante Experimente auf eine ganz ähnliche Weise durchgeführt. Man entdeckte, daß die **Konzentration** auf **Frieden in Libanon** von wenigen Menschen durchgeführt, innerhalb von einigen Tagen eine enorme Verringerung des Gewaltniveaus brachte. Leider wurde dann weder ein Langzeitprojekt daraus gemacht, noch wurde die weitaus kraftvollere Wirkung von korrekt aufgebautem Bestimmungen genutzt, um diese Arbeit in ihrer vollen Kraft wirken zu lassen.

Jeder Einzelne von uns hat, wie Sie wissen, die Fähigkeit, dies zu tun. Frieden zu manifestieren. Und das Gute daran ist: Sie müssen nicht einmal vor Ort sein!!!

Bestimmungen für den Frieden

Die Worte

"Ich gebe jetzt - in diesem Moment - den Segen an die Völker aller Länder dieses Planeten und gebe ihnen Frieden."

Oder

„Der Segen vollkommenen Friedens ist ab sofort durch alle Ebenen, Zeiten, Räume und Möglichkeiten für alle Lebewesen frei verfügbar."

Die Vision

Ihre Vision ist, daß alle Völker und Menschen auf dieser Welt mit anhaltendem Lächeln im Gesicht leben und einem strahlenden Herzen, arbeiten und spielen.

Die Gefühle

Ihre Gefühle sind Frieden, Freude und Glücklichkeit.

Beachten Sie: "Ich gebe den Segen"! bei der ersten Version. Wenn Sie mit anderen Menschen arbeiten, dürfen Sie den Frieden zwar anbieten, was der-/ diejenige letztendlich daraus macht, ist jedoch die freie Wahl dieser Person. Der freie Wille eines jeden ist immer in Liebe und

Mitgefühl zu achten. Jeder Mensch hat den freien Willen und seinen eigenen persönlichen Zeitplan.

Wenn sich die Information des Friedens in den Quantenfeldern verdichtet, kann dies helfen, daß sich die Seelen der Menschen **erinnern,** und die Alternative des Friedens zu erleichtern, anstatt Streit/Krieg zu erwählen. Für die überwältigende Mehrheit der in Streitereien verwickelten Menschen, ist die Fähigkeit, mit Frieden in Resonanz zu gehen, stark abgeschwächt. Mit einer immer höher ansteigenden Friedensinformation um sie herum würde sie das in den Frieden führen, denn dies ist das Grundbedürfnis aller Seelen.

Beenden von Armut

Wie wir wissen, ist Armut kein natürlicher Zustand unserer Seele, sondern ein Systemfehler dieser Welt und des letzten Zeitalters. Diesen Fehler können wir für uns selbst beheben, aber natürlich auch dafür bestimmen, daß andere Menschen den Segen dieser Selbstbestimmung erhalten können.

Die Worte

„Der Reichtum der Liebe und Fülle ist jetzt für jedes Lebewesen frei verfügbar. Ich gebe jetzt den Segen des übersprudelnden goldenen Herzens an alle, die ihn wollen."

Die Vision

Ihre Vision ist, daß alle Menschen überall gut genährt, gesund, gut unterrichtet und glücklich sind. Goldene Energieströme umgeben alle Menschen und fließen durch alle Länder und Räume dieser Erde. Sehen Sie, wie die anderen dieses Gold entdecken, sich darüber freuen und damit tanzen. Sehen Sie das strahlen in den Augen der Menschen

Die Gefühle

Ihre Gefühle sind Freiheit, Frieden, Freude und Glücklichkeit.

Mit dieser Bestimmung lösen wir automatisch die Strukturen der Armut auf, achten dennoch den freien Willen aller und verstärken die Information der Fülle in den Quantenfeldern.

Beenden der Bedrohung durch Genmanipulation

Genetisch verändertes Saatgut ist ohne Zweifel die größte Bedrohung für das Überleben der Menschheit, die je existiert hat. Dies an dieser Stelle weiter auszuführen und mehr ins Detail zu gehen, würde den Rahmen des Buches sprengen. Es genügt daher anzumerken, daß es keine Beweise für die Behauptung gibt, daß Genmanipulierte Lebensmittel für den menschlichen Konsum unschädlich wären. Ganz im Gegenteil, es gibt eine ganze Fülle von Beweisen dafür, daß sie es gerade nicht sind.

Um nur ein paar kleine Hinweise auf die Gefährlichkeit von GM-„Nahrungsmitteln" anzuführen: Viele Menschen sind sogar bereits daran gestorben. Kühe würden eher hungern, als GM-Mais zu fressen! Die Behauptungen von größeren Ernteerträgen sind ebenso frei erfunden. Im Gegenteil, man weiß, daß der Boden oftmals innerhalb von sieben Jahren vollständig unfruchtbar wird. Am wichtigsten ist es zu wissen, daß genmanipulierte „Nahrungsmittel" nicht verdaut werden können, und zwar weil die genetische Struktur, bei gleichem äußerem

Aussehen, für die menschlichen Verdauungs-
enzyme nicht mehr erkennbar ist.

Hier können wir in unserer vollkommenen
göttlichen Schöpferkraft direkte Anweisungen
geben, um den Planeten zu retten. Denn (fast)
alle, die dies lesen, haben der Erde versprochen,
sich zu erinnern und bei der Heilung mitzuhelfen.
Da es bei den GMs um einen gezielten Angriff auf
Körper, Geist und Seele bei allen Lebewesen geht,
ist es unsere Aufgabe, dies zu verändern und zu
löschen.

Die Worte
„Nur die Natürlichkeit des Lebens auf
Grundbasis der Liebe, ist das Einzige, was auf
diesem Planeten (weiter)wächst und (weiter)lebt.
Alle Winde und Insekten wissen von der
Notwendigkeit, nur die Information der
göttlichen Ursprünglichkeit aller Lebewesen
weiter zu transportieren."

Die Vision
Unsere Vision hierfür ist eine überfließende,
gereinigte Natur in all Ihrem Glanz mit
vollkommener Gesundheit der Pflanzen und
Tiere in allen Formen. Sehen Sie alle Bäume,
Sträucher, Blumen, Gräser und Getreide, wie sie

in natürlicher Gesundheit und als Ausdruck einer gereinigten Erde erstrahlen.

Die Gefühle
Unsere Gefühle sind Erleichterung, Freude, Freiheit, Überfluß und Glücklichkeit.

Eine Septemberaktion

Im September 2010 haben viele Besitzer des Buches an einer Weltaktion teilgenommen. Diese wurde im November und Dezember weiter geführt. Dies soll jetzt als Beispiel dienen.

Es handelte sich hierbei um einen Versuch seitens *Monsanto und Freunde*, Gesetze in den USA zu „erkaufen", die das Züchten und den Verkauf von NICHT genveränderten Pflanzen zu einer Straftat erklären sollten. Die Gesetzentwürfe mit den Nummern *S.510* und *S.3767* waren schon durch *The House of Representatives* hindurch gegangen und brauchten nur noch den „Segen" des Senats, um als Gesetz in Kraft zu treten. Viele andere Gruppen, u.a. *The Natural Solutions Foundation* hatten durch ihre eigenen Aktionen diese Gesetzentwürfe schon ein Jahr lang aufgehalten. Nun scheint es so zu sein, daß die
207

Entwürfe im September ohne Besprechung endlich durchgehen könnten. An diesem Punkt haben wir anfangen.

Überraschenderweise mußte der Hauptbefürworter dieser Gesetzentwürfe in seinem eigenen Gremium Änderungen akzeptieren, welche eine Gefahr für reine, unkontaminierte Lebensmittel drastisch reduziert aber nicht eliminiert. Danach haben sich plötzlich einige Senatoren geweigert, die Gesetzentwürfe ohne vollständige Untersuchung durchgehen zu lassen.

Von dem Zeitpunkt an, bis Mitte November hat *The Senate* Urlaub. Im November wurde The House of Representatives neu gewählt. Innerhalb dieses Zeitraums wurden Versuche gestartet, die Gesetzentwürfe quasi „heimlich" durch den Senat zu schleusen, denn wenn Monsanto und Freunde dies nicht vor Eintritt des neuen House of Representatives im neuen Jahr schafft, so müssen sie das gesamte Vorhaben von vorne starten.

Am letzten Drücker wurde das Gesetzt verabschiedet aber dann im Neujahr hat das „Haus" sich geweigert das dafür notwendige Geld freizugeben.

Die Worte

Die politischen Verhandlungen, die zur Zeit im USA Senat stattfinden, werden zum höchsten Wohle aller entschieden, so daß jedem Lebewesen eine optimale Nahrung zur freien Verfügung steht. Der Weg dafür ist jetzt frei und jeder, der diesen Weg freimacht ist unterstützt mit meiner Liebe und den höchsten Lichtwesen, die es dazu braucht.

Die Vision

Den gesamten US Congress (House of Representatives and Senate) komplett in Licht und Liebe umhüllen – ein Licht so hell, daß alles, was in die Nähe des Lichtes kommt, von diesem Licht durchflutet wird.

Stelle dir vor, wie alle Menschen perfekt ernährt sind und Bio- Bauern und Selbstanbauer von Biogemüse politische Auszeichnungen erhalten und in goldenes Licht gehüllt sind.

Stelle Dir vor, daß die gesamte Nahrung leuchtet und alle, die sie essen vor Gesundheit und Glück strahlen.

Die Gefühle

Grenzenlose Kraft, Liebe, Freude und Dankbarkeit.

Sie sind herzlich eingeladen mitzumachen. Sie werden vielleicht auch bemerken, daß dies ein Prinzip verfolgt, wodurch andere Ziele zum Wohle aller angesprochen werden können. Es wird mit Sicherheit einige davon bis zum Jahr 2016 oder 2017 geben.

Anhang I

Psalm 136

Um diesen Text richtig zu verstehen, muß man die Bedeutung des Wortes *Güte* des 17. Jahrhunderts und seinen Ursprung kennen. Die Bedeutung dieses Wortes im 21. Jahrhundert ist ein wenig anders und führt zu Verwirrung.

Der Ursprung des Wortes Güte bedeutet eine Belohnung oder eine Bezahlung geben. Dies wurde direkt aus dem Lateinisch merces, im Deutschen „Güte" übersetzt.

Außerdem muß man die Anweisung an einer anderen Stelle der Bibel mit einbeziehen:

Sei still und erkenne das
"ICH BIN",
hier (in Ihrem Herzen),
d.h., die vollkommene Einheit mit Gott. Denken Sie am Wesen Gottes in Ihrem Herzen, d.h. Ihrem Wahren Selbst.

Danket dem Herrn, denn er ist freundlich; denn seine Güte währet ewiglich;

Danket dem Gott aller Götter; denn seine Güte währet ewiglich;

Danket dem Herrn aller Herren; denn seine Güte währet ewiglich;

Der große Wunder tut alleine; denn seine Güte währet ewiglich;

Der die Himmel ordentlich gemacht hat; denn seine Güte währet ewiglich;

Der die Erde auf Wasser ausgebreitet hat; denn seine Güte währet ewiglich;

Der große Lichter gemacht hat; denn seine Güte währet ewiglich;

die Sonne, dem Tage vorzustehen; denn seine Güte währet ewiglich;

den Mond und Sterne, der Nacht vorzustehen; denn seine Güte währet ewiglich;

Der Ägypten schlug an ihren Erstgeburten; denn seine Güte währet ewiglich;

und führet Israel heraus; denn seine Güte währet ewiglich;

durch mächtige Hand und ausgereckten Arm; denn seine Güte währet ewiglich;

Der das Schilfmeer teilete in zwei Teile; denn seine Güte währet ewiglich;

und ließ Israel hindurchgehen; denn seine Güte währet ewiglich;

Der Pharao und sein Heer ins Schilfmeer stieß; denn seine Güte währet ewiglich;

Der sein Volk führet durch die Wüste; denn seine Güte währet ewiglich;

Der große Könige schlug; denn seine Güte währet ewiglich;

und erwürgte mächtige Könige; denn seine Güte währet ewiglich;

Sihon, der Amoriter König; denn seine Güte währet ewiglich;

und Og, den König zu Basan; denn seine Güte währet ewiglich;

und gab ihr Land zum Erbe; denn seine Güte währet ewiglich;

zum Erbe seinem Knechte Israel; denn seine Güte währet ewiglich;

Denn er dachte an uns, da wir untergedrückt waren; denn seine Güte währet ewiglich;

und erlöset uns von unsern Feinden; denn seine Güte währet ewiglich;

Der allem Fleisch Speise gibt; denn seine Güte währet ewiglich;

Danket dem Gott vom Himmel; denn seine Güte währet ewiglich.

Anhang II -

Beratung bei Schwierigkeiten

1. Das Unterbewußtsein trainieren

Wenn Sie das Gefühl haben, Ihr Unterbewußtsein sei zu „vollgepackt" und es Ihnen sehr schwer fällt, die alten Programme zu löschen und in neue, erfreuliche zu verwandeln, dann kann ich Ihnen auch hierzu unterstützende Möglichkeiten anbieten.

Die besten Erfahrungen habe ich damit gemacht, mit dem Harmony-Kopfhörer-Programm zu arbeiten (www.hsurl.com/ks). Hierbei werden schrittweise und sehr gezielt alte, lebensvernichtende Glaubenssätze aus dem Unterbewußtsein gelöscht.

Für einige kann dieser Harmony-Kopfhörer zum jetzigen Zeitpunkt aus finanziellen Gründen noch nicht möglich sein. In diesem Falle würde ich vorerst den Prozeß der kontinuierlichen Selbstbeobachtung empfehlen.

Wenn Sie versuchen zu formulieren, wie das, was Sie möchten aussieht, dann beobachten Sie **immer** die Gefühle, die sich als „Reflex" melden.

Sollten diese Gefühle Freude und dergleichen sein, so ist alles in Ordnung.
Sollten die Gefühle hingegen beengend, abweisend oder mißmutig sein, so ist ein Prozeß der inneren Abfrage nötig.

Im Prozeß der inneren Abfrage verbinden Sie sich mit dem jeweiligen Gefühl und fragen nach dessen wahrer Herkunft.
Sie stellen in sich selbst fortlaufend weitere Fragen, bis Sie die Ereignisse, in denen diese Gefühle ihren Ursprung haben, aufdecken. Ab dieser Erkenntnis werden Sie automatisch feststellen, daß diese Gefühle keinen Zusammenhang mit Ihrer versuchten Manifestation haben, und sie werden sich an ihnen nicht weiter stören.

2. Alkohol

Es ist natürlich für viele Menschen gar kein Problem, ein paar Tage auf Alkohol zu verzichten, insbesondere wenn die Belohnungen dafür so groß sind. Manche aber haben das Problem der Sucht oder nahezu Sucht nach Alkohol. Eine Lösung hierfür wird im *543 Buchladen* angeboten. Bitte auf http://www.de.list.543bookshop.com gehen und dort die Seite herunterscrollen, bis Sie die Handbuchliste und den Punkt "Alkohol" finden.

3. Marihuana

Es gibt drei Möglichkeiten, die dreijährige Entschlackung zu beschleunigen. Die absolute Bedingung hierfür ist, daß Sie mit dem Konsum von Marihuana vollständig aufhören. Einmal "zwischenkiffen" kann Sie um Jahre zurückwerfen!!!

Die schnellste Methode heißt "Jharra", ist aber ein sehr seltenes Geschick, und ich persönlich kenne nur vier andere Menschen im deutschsprachigen Raum (inklusive 2 meiner eigenen Schüler) die Ihnen Jharra anbieten könnten. Jharra ist eine uralte Reinigungstechnik aus dem Himalaya. Durch die lange Vorbereitungszeit (in meinem Fall fast 2 Jahre) wird man befähigt, mit der Hilfe eines Bundes Pfauenfedern, alle Energiesysteme eines Menschen zu reinigen und zu beleben.

Homöopathie, insbesondere in den sehr hohen Potenzen (1000 +), kann die 3 Jahre auf ein paar Monate verkürzen. Dies wird aber sehr wahrscheinlich eine durchgehende Bronchitis und gelegentliches hohes Fieber mit sich bringen.

Pranayama (Sie können dies bei vielen Yoga-schulen erlernen) kann die Entschlackungszeit auch beträchtlich verkürzen. Nebenwirkungen, die bei dieser Methode ggf. auftreten, könnten chronischer Durchfall und Hautausschläge sein.

4. Das "Cheeseburger-Syndrom"

„Junk food" heißt nicht nur so, weil es durch die niedrige Qualität der Zutaten zu „Junk-Preisen" angeboten wird. Es ist in der Tat so, daß viele Zutaten wortwörtlich „Junk" (zu deutsch "Schrott") und für den menschlichen Körper gar nicht zu verwerten sind. Dies verursacht eine steigende Vergiftung des Körpers und, wegen des Mangels an notwendigen Lebensmitteln, eine chronische Unterernährung. In solch einem Zustand der Unterversorgung und der Vergiftung ist es meist unmöglich, zwischen den eigenen Gefühlen und den Emotionen anderer zu unterscheiden. Hinzu kommt, da dadurch viele der alltäglichen "Minitraumata" nicht verarbeitet werden können, daß diese Traumata automatisch zu jeder Manifestierung hinzugefügt werden. Mit welchen Auswirkungen können Sie sich sicherlich gut vorstellen.

Michio Kushi, der „Welternährungspapst" meint, daß es bis zu sieben Jahre dauern kann, diesen Schrott endgültig aus Ihrem System zu entfernen. Jedoch wird der gröbste Teil des Problems mit sauberer, vollständiger Ernährung innerhalb eines Jahres behoben werden. Sie können eine kurze Einleitung in das Thema "für den Menschen geeignete Ernährung" kostenlos von nachstehender Internetseite downloaden: http://www.hsurl.com/eatde.

Um diesen Prozeß zu beschleunigen, gibt es auch noch weitere unterstützende Methoden:
Hatha Yoga und insbesondere die *Ashtanga* oder *Iyengar* Stile werden die Entschlackung stark vorantreiben und alle Systeme verstärken.
Eine Darmreinigung mit dem *Colinite System* dauert ca. 4 Monate. Sie entfernt mit der Schlacke, die im Darm festklebt, auch die Gefühle der Hilflosigkeit und der Überforderung. So weit ich weiß, ist dieses Produkt im deutschsprachigen Raum nicht im Handel erhältlich.

Das Tragen eines *Harmony Evolution* auf der Thymusdrüse oder dem Unterbauch wird das ganze Körperwasser (der menschliche Körper besteht zu mindestens 70% aus Wasser) beleben, mit dem Ergebnis, daß normale Stoffwechselabfälle sofort zu den Ausscheidungsorganen abtransportiert werden, anstatt sich mit vergiftenden Auswirkungen anzustauen. Es ist typisch, daß man innerhalb von 4 Monaten eine wachsende Klarheit und Präzision der eigenen Gedanken bemerkt. Ab hier könnte man anfangen, effektive manifestierende Bestimmungen zu erteilen. Einen Harmony Evolution können Sie z.B. hier erwerben:
http://www.stern.getinharmony.com

Sie können auch eine persönliche Beratung von Karma Singh erhalten, indem Sie dieses Formular ausfüllen:
http://www.hsurl.com/ct

Beratungen sind in der Regel kostenlos, es sei denn, ein größerer Aufwand wird hierfür notwendig. Sollten Kosten entstehen, wird Ihnen dies mitgeteilt, bevor es zu einer Beratung kommt.

Anhang III – Leseranfragen

Dieser Anhang stellt kurz anhand von zwei Beispielen vor, auf welche Art und Weise Bestimmungen für bestimmte Alltagssituationen formuliert werden können. Falls Sie entweder eine Anfrage starten möchten oder eine Erfolgsgeschichte zu berichten haben, benutzen Sie bitte dieses Formular:

http://www.hsurl.com/ct

Kreativität

Gulnara aus London fragt, "Könntest Du eine Bestimmung vorschlagen, um die eigene Kreativität zu eröffnen oder zu verstärken?"

Ich schlage folgende Möglichkeiten vor.

"Ich bin jetzt und immer das Zentrum der Schöpfung."
"Ich bin jetzt und immer die Quelle der Schöpfung"

In allen Fällen ist es der Ausdruck der absoluten Wahrheit, welcher das erwünschte Ergebnis bringt. Wie in den vier "Gesetzen" des

Manifestierens beschrieben, ist die Identifizierung selbst in der völligen Einheit mit Gott der erste Schlüssel.

Straßenblitzer vermeiden

Da ich persönlich sehr viel Zeit auf Autobahnen verbringe, war dies eines meiner persönlichen Experimente. Ich würde gern auch ein Feedback von Anderen hierzu hören. Meine Bestimmung lautete:

"Ich fahre immer unter der Trigger-Geschwindigkeit im Bereich eines funktionierenden Blitzers."

Was wir mit dieser Bestimmung tun, ist dem Universum den Befehl zu erteilen, uns immer im Bereich eines funktionierenden Blitzers innerhalb unseres Tempolimits so anzupassen, daß wir die Höchstgeschwindigkeit nicht überschreiten und somit einem Blitzlicht aus dem Wege gehen. In welcher Form dies geschieht, bleibt individuell dem Universum überlassen. Es könnte z.B. sein, daß Sie ausgerechnet zur richtigen Zeit, ein langsam fahrendes Fahrzeug vor sich haben oder plötzlich eine gedankliche Eingebung bekommen.

Es ist in jedem Fall wichtig, ganz aufmerksam die Zeichen in und um sich herum zu beobachten.

Die Allergeschicktesten unter uns werden es wie in diesem Foto machen!

Wie dieses Buch zustande kam

Wieso berichte ich über meine persönliche Reise auf dem Weg der Heilung in einem Buch über die Manifestation?

Anfänglich handelte es sich bei meiner Suche darum, „verlorenes" und unterdrücktes Geheimwissen über die göttliche Kraft, die Würde der Seele und die Befreiung des Bewußtseins wiederzufinden und offenzulegen. Eine Entdeckungsreise, auf die viele Menschen vor und mit mir gegangen sind.

****

Wie für viele Kinder der 40er und 50er Jahre des letzten Jahrhunderts, war es auch für mich eine kulturelle Pflicht, in die Kirche zu gehen. Unter den Ritualen aus denen ich, ehrlich gesagt, wenig Sinn ziehen konnte, wurden wir Kinder gelehrt, daß wir das, was wir in unser Leben haben möchten, einfach so kreieren können. Das kam mir als ideal vor – nicht mehr bis Weihnachten warten, kein „wir können es uns nicht leisten" mehr, einfach so „aus der Luft heraus" etwas erschaffen.

Das Problem war, daß trotz der täglichen Übung, genau wie es mir beigebracht wurde, nichts passierte. Also habe ich angefangen, in der „Sonntagsschule" zu fragen, warum und was ich tun muß, damit alles doch funktioniert. Hierfür wurde meinen Eltern ein Brief geschrieben mit der Einladung, eine andere Kirche für mich auszusuchen! Tscha, es hat etwas gedauert, bis ich durch meinen Pfadfinderleiter eine Stelle beim Kirchenchor (Church of England) als Knabensopran bekam.

Eigentlich hat dies alles seinen Anfang vor einem halben Jahrhundert, als ich mit 11 Jahren in einem Kirchenchor aufgenommen wurde. „Church of England" hieß die Kirche, falls dies Ihr Interesse trifft. Mein Pfadfinderleiter schlug mir seinerzeit vor, mich für den Kirchenchor zu bewerben, da zwei Knabensoprane fehlten. So durfte ich nach bestandener Aufnahmeprüfung etwas über musikalische Harmonielehre lernen und ab und zu auch in Latein singen. In den Gesangspausen mußten wir natürlich von Anfang bis Ende still sitzen, wie es sich zur damaligen Zeit in Kreisen der Kirche gehörte – einige von Ihnen erinnern sich sicherlich…

Das Singen im Kirchenchor an sich hatte mit religiöser Überzeugung so gar nichts zu tun; auch war ich damals viel zu jung, mich für religiöse Fragen zu interessieren. Ich singe gern, habe immer gern gesungen und bin ziemlich geschickt darin.

Eines hat mich jedoch schon damals brennend interessiert: Das Gebet! Ich hatte natürlich schon etwas über Gebete gehört und sie in früheren Jahren auch ziemlich regelmäßig praktiziert. Doch als nach längerem Experimentieren nichts passierte, habe ich mich innerlich gewundert und es erstmals dabei belassen. Als Mitglied des Kirchenchors jedoch schien eine neue Chance für mich gekommen zu sein, mehr über das eigentliche Gebet zu erfahren! In mir brodelte die Überlegung, ob man uns nicht vielleicht eine falsche Technik beigebracht hatte, und wenn ja, ob ich mir nicht vielleicht die richtige Technik vom Pfarrer abgucken könnte. Leider wurde ich in Letzterem enttäuscht. In den 2 ½ Jahren bis zu meinem Stimmbruch konnte ich nicht ein einziges Mal eine lebendige Erfahrung im Hinblick auf ein "erhörtes" Gebet machen.

Zwischendurch fragte ich mich innerlich, warum wohl die Hände so zusammenlegt werden und wieso manche Menschen auf Knien beten? Ich war so interessiert, daß ich mich sogar traute, diese Fragen dem Pfarrer zu stellen, doch auf beide Fragen bekam ich lediglich "Ausweichantworten", die inhaltlich einfach "nichts" darstellten. Auch der Verlegenheitsausspruch "Gott will es so" konnte mich nicht wahrhaft zufrieden stellen. Dieses habe ich als "Mensch Junge, ich weiß es doch auch nicht - frag besser einfach nicht weiter" gedeutet und mich natürlich nicht wissender gefühlt!

Die Antworten, die ich benötigt hätte, auf die Fragen, die ich dem Pfarrer damals stellte, habe ich Ihnen übrigens im Kapitel „Vorbereitung für die Manifestation" näher erläutert.

Damals zog ich den Schluß, daß Beten offensichtlich nicht für jedermann geeignet ist. Vielmehr schien es das Privileg einer vorherrschenden Klasse zu sein, die sich Priester nannte. Ich erachtete es als einen Teil von etwas Mysteriösem, für das man offensichtlich erst Pfarrer werden muß, um es zu begreifen.

Da es sich scheinbar beim traditionellen Beten um eine geheime Lehre "eingeweihter geistlicher Personen" handelte, beschloß ich die Sache auf Eis zu legen, da Pfarrer nicht das war, was ich werden wollte und wahrhaftig auch nicht geworden bin.

Später dann auf dem Gymnasium, welches ich besuchte, hatte ich das große Glück, einen Religionslehrer (damals Pflichtfach) zu haben, der uns in die Welt der zahlreichen unterschiedlichen Religionen einführte, anstatt sich lediglich auf die übliche kommentarlose Bibelvorlesung zu beschränken. Dies hat mir einen tieferen Einblick in das Thema Religion ermöglicht und schon damals wurde mir klar, daß fast jede Religion genau das gleiche Kernwissen beinhaltet, sich jedoch in unterschiedlichen äußeren Formen präsentiert.

Obschon der Kerninhalt fast jeder einzelnen Religionsrichtung im Grunde genommen dasselbe aussagt, bekämpfen sie sich gegenseitig mit der Behauptung, daß allein ihre Überzeugung und ihre Riten das Wissen "korrekt" überliefern können. Je näher die Religionen aneinander liegen, desto intensiver scheint dieses konfrontative Verhalten zu sein.

Das gesamte Religionsthema ist sehr paradox!
Der Islam z.B. könnte als eine christliche Sekte betrachtet werden, weil Mohammed (ca. 570 bis 632 AD) selber sagte, daß die christliche Kirche die Lehre Jesu so sehr verzerrt hat, daß er sie neu auflegen müßte. Etwas später behauptete Martin Luther (1483 bis 1546 AD) Ähnliches.

Das Buch "Ein Kurs in Wundern", welches sieben Jahre lang durch Doktor Helen Schueman in den USA im Laufe der 1970er Jahre gechannelt wurde, kann man als eine neue Auflage der Ursprungslehre bezeichnen. Die deutsche Ausgabe ist beim *Greuthof Verlag* erhältlich.

Papst Innocent III, der von 1198 bis 1216 regiert hat, haben wir es zu verdanken, daß sich kaum noch jemand in den "christlichen" Ländern bewußt ist, daß der Islam Jesus ebenso als großen Propheten verehrt und deshalb alle christlichen Heiligtümer in Israel, im Jordan und in Ägypten ebenso Islamische Heiligtümer sind!

Das Wort *Prophet* hat in unserer heutigen Zeit überwiegend eine andere Bedeutung bekommen, als die, die vom Islam geglaubt und genutzt wird. Heutzutage meinen sehr viele Menschen, daß ein Prophet eine Art Wahrsager höherer Klasse ist.

Die Bedeutung *Prophet* im Sinne des Islam hat viel mehr Ähnlichkeiten mit dem Sanskrit-Wort *Guru*. Dieses bedeutet lediglich "Der Weg"; spezifisch "Der Weg zu Gott". Ein *Satguru* ist jemand der/die sich so vollkommen dem Weg gewidmet hat, daß er/sie selber "der Weg" geworden ist. Dies entspricht dem, was mit dem Wort *Prophet* im Islam gemeint ist. Die biblischen Worte hierfür sind "der Heiland" oder "der Messias".

Moderne Beispiele von lebenden Satgurus sind u.a. Sri Sri Satya Sai Baba der seinen Körper in April 2011 verlassen hat www.sathyasai.de und Mata Amritanandamayi die noch am Leben und Handeln ist www.amma.de.

Als die Schulzeit beendet war und das Studium des Lebens an Stelle von aufgezwungenem Pflichtschulwissen mein Hobby werden konnte, habe ich begonnen, noch tiefer in den o.g. Themen zu forschen. Dies mache ich 42 Jahre später immer noch, und seit 27 Jahren ist es sogar ein Teil meines Berufes geworden.

Viele Jahre war ich erst als Agnostiker und später als Atheist unterwegs, weil ich nicht unterstützen wollte, was ich in den unterschiedlichen Religionsrichtungen erkannte. Ich sah, daß

Religionen, pauschal gesagt, Menschen verachten und es darauf abgesehen haben, Macht auszuüben. Dies entsprach und entspricht bis heute weder meiner Überzeugung noch meinem persönlichen Weg.

Erst nach vielen Jahren habe ich begriffen, daß der Inhalt der öffentlich zugänglichen Schriften vieler Religionen, wenig bis gar keine Ähnlichkeiten mit den ursprünglichen Schriften aufwies. Die heilbringende Lehre, die dem einzelnen Menschen seine individuelle Würde und Freiheit vermittelt, ist kaum mehr zu finden. Wenn wir also die ursprüngliche Lehre wieder zum Vorschein bringen könnten, so würde der Welt etwas sehr Nützliches gegeben, und die Verwirrung in vielen Menschen könnte sich in Klarheit und Erfüllung verwandeln.

Wie jedoch kristallisieren wir nach so vielen Jahrhunderten des Editierens, gewaltsamer Unterdrückung, Verfälschungen, Verleumdungen und Vertuschung die wahre Essenz aus den Schriften heraus?

Ich berichte Ihnen von den Ergebnissen meiner persönlichen Suche:

Das, wonach ich suchte, ist mit größter Sorgfältigkeit über mehr als 1600 Jahre aus den Schriften herausgefischt und vernichtet worden. Wenn eine Gestapoähnliche Organisation (der Inquisition) die besten Verstecke nicht gefunden hat, wie sollte ich sie dann finden? Nun ja, allein das Nichtversuchen garantiert Erfolglosigkeit! Also übte ich mich im Versuch...

Meine erste Begegnung mit einem Teil des Wissens, das ich suchte, fand Mitte der 60er Jahre statt.

Damals gab es viel Unruhe in den englischen Zeitungen über das Thema "Geistheilen". Existiert das Phänomen Geistheilung oder ist das alles Humbug? Einerseits gab es viele Geschichten über Menschen, die ein Todesurteil von der Schulmedizin erhielten, anschließend einen Geistheiler besuchten und plötzlich kerngesund wurden. Anderseits behaupteten die Ärzte, daß der Geistheiler nicht mehr getan haben könnte, als dem hoffnungslosen Kranken viel Geld abzuzocken, und die Gesundung allein durch eine "Spontanheilung" stattgefunden habe. Wenn man die Ärzte fragte, wie echtes Geistheilen und eine Spontanheilung voneinander zu unterscheiden seien, mußte man sich mit zwei

Antworten begnügen. Die häufigste Antwort lautete „............................ ." Nichts! Die Frage wurde lediglich ignoriert. Das kannte ich ja schon! ☐ Die zweite Antwort lautete "Sie sind kein Arzt; Sie würden es nicht verstehen." Ich weiß nicht, wie es Ihnen mit solchen Antworten geht, aber in mir blieb etwas unzufrieden zurück, so daß ich weiter suchend blieb.

Ich wollte also wissen, ob es Geistheilen wirklich gibt oder ob es nur Geldmacherei ist. So habe ich mich auf den Weg gemacht, um Geistheiler zu finden, sie zu begleiten und ihre Arbeit genau zu beobachten. Dadurch bin ich unter anderem mit Menschen in Kontakt gekommen, die aus schulmedizinischer Sicht "unheilbar krank" waren, jedoch in Begleitung eines Geistheilers vollkommen gesunden durften.

Diese Erfahrungen waren so bedeutsam, daß ich ohne jeglichen Zweifel daraus den Schluß ziehen konnte, daß es echtes Heilen de facto gibt, daß es grundsätzlich bei fast allen Krankheitsmodellen sehr effektiv ist und noch dazu nur wenig bis gar nichts kostet. Welch eine Entdeckung! Diese widerspricht eindeutig der Behauptung, daß ein Mensch das Urteil „unheilbar krank" durch die

Ärztewelt kritiklos hinnehmen muß. Im Gegenteil, er darf nun große Hoffnung schöpfen. Im Gegenzug dazu wurde mir jedoch schlagartig die Tatsache bewußt, daß es einen triftigen Grund geben muß, warum diese Form der Gesundung bis heute so wenig Verbreitung findet.

Sofort leuchtete mir ein, daß bei dieser Art von Heilung die Möglichkeit spezifischer Institutionen doch sehr bescheiden ist, mit Krankheiten Milliarden Summen zu verdienen und zahlreiche Märkte beherrschen zu können. Die „Krankheitsindustrie", welche zur Zeit das deutsche Gesundheitswesen beherrscht, verdient z.B. an jedem Arthritis-Kranken monatlich lebenslänglich ca. €80 – €120, allein um die Symptome zu unterdrücken. Dabei ist es häufig so, daß Arthritis für weniger als €200 komplett behoben werden kann. Bei Krebs z.B. kommt die schulmedizinische Rechnung auf Beträge zwischen €20.000 und €50.000 pro „Krebstoten", wobei ein finanzieller Aufwand, Krebs (soweit dieser noch nicht im Endstadium ist) zu beheben, €4.000 nicht überschreiten dürfte – siehe hierzu auch das Online-Buch „Krebs? Na und?" unter www.krebsnaund.de .

Wie die Pharmaindustrie Krankheiten erfindet, um Märkte zu kreieren, berichtet beispielsweise auch Jörg Blech in seinem Buch „Die Krankheitserfinder".

Wahre Heilung hat mit einer Medikamenteneinnahme aus dem Reich der Chemie nämlich nichts zu tun. Wahre Heilung erfaßt den Grund einer Krankheit und heilt mit unterschiedlichen Formen und Techniken den Ursprung des Krankheitsthemas. Dadurch benötigt der Körper dann nicht mehr die Ausdrucksform eines Symptoms.

Also: Heilung funktioniert tatsächlich!

Ich habe mir dann sofort die Frage gestellt: „Was ist an diesen Menschen, die heilen können so besonders oder anders?" Die Antwort, die ich mir nach jahrelangen weiteren Forschungen selbst geben konnte, war wieder einmal verblüffend, sie lautete nämlich: "überhaupt nichts"!

Wenn also nichts Besonderes an den Menschen ist, die heilen können, dann kann es ja theoretisch jeder, also warum nicht auch ich! Diese Erkenntnis erfreute mich so sehr, daß ich mich auf den Weg machte, denselben zu entdecken.

Das Abenteuer, den eigenen Weg zu erkunden, ist eine spannende, vielseitige Entdeckungsreise, auf der ich mich bis heute noch immer befinde.

Ich bereiste viele Länder, und mein ursprüngliches Hobby, nämlich das Forschen nach den Geheimnissen der Heilung, bestimmte mein Leben so stark, daß ich schlagartig nach ca. 15 Jahren den Wandel selber zum Geistheiler durchmachte. Vor dem Wandel war ich Besitzer einer sehr erfolgreichen Firma, die durch kuriose Umstände plötzlich nicht mehr die meinige war. Durch den materiellen Verlust wurde mein Bewußtsein so befreit, daß meine Berufung zum Heiler geschehen konnte.

Im Laufe der Jahre durfte ich den Segen erfahren, mit vier verschiedenen spirituellen Meistern zusammen zu arbeiten.

An unterschiedlichen Orten der Erde bekam ich unterschiedliche Antworten.

- In Indien habe ich gelernt, warum man in der Church of England die Hände zum Beten flach zusammenlegt.

- Von einem Tao Lehrer aus Korea habe ich gelernt, warum Europäer auf den Knien beten.

- Indische Brahmanen haben mich über die Macht des reinen Wortes aufgeklärt.

- Sibirische und afrikanische Schamanen haben mich die Kraft der Gefühle gelehrt.

Endlich, im Herbst 2008 hat der amerikanische Forschungsreisende Gregg Braden mir die letzten zwei Stücke zur Fertigstellung des Puzzles überreicht.

Hier ist es. Das Ergebnis der Suche über viele Jahrzehnte!

Die komplette Anatomie des Glücks.

Updates

Sollten Sie dieses Buch im Buchhandel erworben haben und Updates und den Newsletter von Karma Singh zukünftig gern erhalten wollen, so können Sie sich dafür über nachfolgenden Link anmelden.

http://www.hsurl.com/bu

Sollte sich Ihre Email-Anschrift zwischenzeitlich geändert haben, dann bitten wir um Nachricht über denselben Link. Damit ist gewährleistet, daß Ihnen keinerlei Informationen verlorengehen.

Weitere Hilfsmittel

Der Harmony-Kopfhörer; ein Werkzeug das u.a. die Eigenschaft besitzt, alle selbstvernichtenden Gewohnheiten bzw. Programmierungen zu löschen.

Weitere Details finden Sie unter:
http://www.hsurl.com/ks

.

Kontakt mit dem Autor aufnehmen

Falls Sie weitere Hilfe oder Beratung wünschen, senden Sie mir einfach eine E-Mail unter karmaheiler@getinharmony.com

Seien Sie gesegnet

Karma Singh
Europe
August 2011
http://www.karmasingh.com

BUCH INSEL

586 22 87

E-books, DVDs, Seminare und Kursangebote von Karma Singh

„Die Heilenden Video Transmissionen" Band 1 und 2 (auch in Hesper Verlag)
„Verjüngung – der 24 Wochen Kurs" (auch in Hesper Verlag)

„Krebs? Na und?"

"Das Grippemärchen"

"Zugang zum Selbst"

"Non-Smoker Celebration"

und weitere Titel sind erhältlich beim

http://www.de.list.543bookshop.com .

Weitere Internetseiten
http://www.power-light-seminare.de
http://www.ashtars-licht.de
http://www.geistheiler-beratung.de
http://www.stern.getinharmony.com
http://www.stern.harmonyautomotive.com

Nassim Haramein
präsentiert:

Die Entschlüsselung des Universums

Der Schlüssel kam zur
rechten Zeit

Nassim Haramein zeigt in diesem Vortrag die Widersprüche der gegenwärtigen Wissenschafts-theorien auf und beschreibt auf einfache Weise die Änderungen, die uns zu einer einheitlichen, umfassenden und fachübergreifenden Physik füh-ren können. Seine Theorie vereinheitlicht die vier Naturkräfte und liefert ein Verständnis für die Exi-stenz des Bewusstseins und der Evolution, die in der fundamentalen Struktur der Raum-Zeit ver-wurzelt sind. Nassim Haramein beschreibt die Parallelen zwischen seiner Einheitsfeld-Theorie und den Erkenntnissen der alten Zivilisationen, der heiligen Geometrie und moderner Entdeckungen.

Autor: Nassim Haramein
Verlag: Hesper Verlag
ISBN: 978-3-9813262-7-7
Seiten: 200/Illustriert
Preis: 29,90 EUR

Phylos der Tibeter

Hier teilt sich der Weg

Phylos der Tibeter ist eine fantastische Reise durch die Zeit und den Raum. Zum einen eine Zeitgeschichte und zugleich spirituelle Heldensage. Der Reisende durchquert im Laufe seiner Wiedergeburten – von der mysteriösen Zeit auf Atlantis bis hin zur heutigen Zeit.

Eine außergewöhnliche Geschichte, die dem neugierigen Leser den Weg zeigt, der zum einen sehr wissenschaftlich ist und zum anderen die verborgenen Wege der Seele erklärt. Das mysteriöse Buch von Phylos gegeistert seit über einem Jahrhundert mehrere Generationen von Lesern, so auch Albert Einstein, John F. Kennedy, John Lennon, Linda + Paul McCartney, Shirley McLaine, Admiral Byrd, Erich von Däniken, Elisabeth Haich und viele andere. Edgar Cayce überprüfte die Angaben von Phyos und bestätigte sie.

Gibt es ein Leben nach dem Tod?

Was ist Karma?

Besitzen wir alle eine Schwesterseele?

Gibt es einen Himmel?

Was ist das Nirvana?

Gab es Atlantis?

Wo lag es?

Welche Technologie besaßen die Atlanter?

Dieses Buch beantwortet auf zeitlose Weise die Fragen nach dem Sein und dem Sinn des Lebens. Phylos beschreibt sein Leben auf Atlantis, die hochentwickelte Technologie der Atlanter, ihr politisches System und ihre Handelsgeschäfte. Doch er begeht einen schwerwiegenden Fehler. Später, wiedergeboren im 19. Jahrhundert, muss er seinen alten Fehler begleichen …

Doch lesen Sie selbst die spannende Geschichte von Phylos dem Tibeter!

Bestellungen unter: www.hesper-verlag.de · Tel. 06 81 / 83 19 043

Autor: Phylos the Thibetan

Verlag: Hesper-Verlag

Übersetzung: Sabine Glocker

Seiten: 448, Hardcover

ISBN: 978-3-00-021706-7

Preis: 24,90 Euro

Das Geheimnis des Pater Ernetti
Die Zeitmaschine im Vatikan

Unterdrückt der Vatikan eine ungeheuerliche Erfindung?

Befinden sich in einem Schweizer Tresor die Reste einer Apparatur, die unsere Geschichte auf den Kopf stellt?

Bis zu seinem Tod beteuerte der italienische Benediktiner-Pater Emilio Ernetti, eine »Zeitmaschine« konstruiert zu haben, mit der es möglich war, in die Vergangenheit zu schauen. Mehrmals wurde er deswegen vor die höchsten kirchlichen Würdenträger zitiert, um in geheimen Sitzungen über das Schicksal Jesu zu berichten.

Mit detektivischem Eifer folgte der französische Pater François Brune der Fährte seines Freundes, um mehr über die geheimnisvolle Erfindung herauszufinden. Seine Spurensuche führte ihn bis ins Büro des früheren italienischen Ministerpräsidenten.

Pater François Brune wurde 1931 in Vernon (Frankreich) geboren. In Paris und Tübingen studierte er Philosophie und Theologie. Später erhielt er ein Diplom in Latein und Griechisch an der Sorbonne in Paris. Weiter studierte er die Heilige Schrift am Biblischen Institut von Rom. Parallel dazu verfasste er etliche Sachbücher über mystische und religiöse Themen.

Bestellungen unter: www.hesper-verlag.de · Tel. 06 81 / 83 19 043

Autor: François Brune
Verlag: Hesper-Verlag
Übersetzung: Sabine Glocker/
Prof. Dr. Ernst Senkowski

Seiten: 160, Softcover
ISBN: 978-3-9813262-2-2
Preis: 17,90 Euro

Hesper

Zehn Zahlen verändern Ihr Leben
Die Vereinigung der Gegensätze

Dem Dipl.-Ing. Paul Haberecht ist es meisterhaft gelungen, die unterschiedlichen Lebensstufen mit den ersten 10 Zahlen zu verknüpfen, denn *nur* die Zahlen erzählen uns die richtige Geschichte. Es gibt sicherlich viele Wege, um ein Ziel zu erreichen. Der hier beschriebene Weg zeigt auf, wie das wechselseitige Verhalten der gelebten Gegensätze am Ende in die angestrebte paradiesische Einheit führt.

Wichtig ist dabei das Verständnis, dass auch das Negative, genauso wie das Positive, seine absolut nutzbringende Bestimmung hat. Diese aus dem Leben gegriffenen gegensätzlichen Vorgaben sind es, die nur eine beidseitige Betrachtung zulassen und zu der notwendigen umgekehrten Sichtweise führen, die aber in ihrer Neutralität zum Schluss geradewegs in die erstrebenswerte Einheit führt, in der alles wieder liebevoll vereint ist.

Das Zauberwort ist EINHEIT.

Am scheinbaren Ende hat sich dann alles, wirklich *alles* umgekehrt. Wohl dem, der weiß, dass gerade in der gegensätzlichen Betrachtung aller Lebensumstände eine große Chance für seine Zukunft besteht.

Autor: Paul Haberecht
Verlag: Hesper-Verlag
ISBN: 978-3-9812259-3-8

Seiten: 104, Softcover
Preis: 12,90 Euro